Introduction to Practical Meta-Analysis

実践的
メタ分析
入門

戦略的・
包括的理解
のために

岡田 涼・小野寺孝義 編
Ryo Okada & Takayoshi Onodera

ナカニシヤ出版

実践的メタ分析入門

―戦略的・包括的理解のために―

岡田 涼・小野寺 孝義 (編著)

ナカニシヤ出版

まえがき

この本を手に取られた方の多くは，日常的に多くの心理学論文を読んだり，あるいは自分で論文を執筆したりしているものと思います。例えば，学部生の方だったら，ゼミ発表の準備をしたり，卒業論文のテーマを考えるために，たくさんの論文を読んでいるでしょう。

そのなかで次のように感じたことはないでしょうか？ 「1つの研究だけでこんなことを言っていいの？」と。一度うまくいっても次にやったときにはうまくいかなかったということは日常的によくあります。「前と同じ手順で料理を作ったのに，なぜか今回はおいしくできなかった」とか，「同じ絵を描いたのに，2回目の方が下手になった」などは，割とよく経験するものです。もちろん料理を作ったり，絵を描いたりすることと心理学の研究は別物です。しかし，「1回うまくいっただけでは必ずしもあてにならない」という点では共通しています。

心理学を含む学術的な研究においても，「1回うまくいっただけでは，必ずしもあてにならない」という感覚は大事にされています。「あてにならない」と言ってしまうと少し語弊がありますが，研究を繰り返しても同じ結果が再現されるかどうかや，異なる状況でも一貫する結果が得られているか否かということは，科学的な研究を進めていくうえで非常に重要な視点です。本書で紹介する「メタ分析」は，そういった発想のうえに成り立っていると言えます。

つまり，「1つの研究だけでは偏った結果が得られる可能性もあるので，複数の研究結果をもとに結論を出そう」という発想です。

本書を手に取られた方の中には，すでにどこかで「メタ分析」や「メタアナリシス」，「システマティックレビュー」といった言葉を目にしたことがある方も少なくないかもしれません。「メタ分析には興味があるけど，文献を集めたり，統計分析をしたりする手続きが複雑そうだ」と思っている大学院生の方もいるでしょう。あるいは，「メタ分析をする際に，パス解析で想定するような複雑なモデルは検証できないのか」とか「時間的な変化や発達をメタ分析の発想で調べることができないのか」など，メタ分析をより応用的に用いることに興味がある研究者の方もいるかもしれません。

本書の企画を考えるにあたっては，なるべくメタ分析に対するさまざまな興味関心に応えることを目指しました。卒業論文でメタ分析をやってみたいという学部生から，従来よりも発展させたかたちでメタ分析を使ってみたいという研究者まで，幅広い読者の方にアピールするような，ある意味では欲ばりな企画に挑戦しました。

第1章では，そもそもメタ分析とはどういうものなのか，どういう背景があり，どういう考え方のうえに成り立っているかを丁寧に説明しています。第2章から第4章では，メタ分析を行うための文献の収集方法から，効果量を統合するための方法を解説しました。第5章から第7章では，より応用的なメタ分析の方法として，構造方程式モデリングを用いるアプローチとベイズ統計の考え方でのアプローチを紹介しています。第8章から第11章では，より具体的な研究テーマとの関係でメタ分析の手順を実感してもらえるように，具体的な研究例を紹介しました。最後に第12章では，実際にメタ分析を行うためのソフトウェアとして，Stataでメタ分析を行う方法を解説するとともに，メタ分析の最新の手法としてネットワークメタ分析について紹介しています。章間である程度の重複もありますが，各章をある程度単体で読んでいただけるように，そのまま

にしています。メタ分析の考え方や実例に初めて触れたり，あるいはメタ分析をより応用的に活用しようとするきっかけとなるなど，本書がさまざまなかたちでメタ分析と研究者をつなぐ役割を果たせることを願っています。

　編集の過程では，執筆者の先生方にかなりご迷惑をおかけしました。私（岡田）の段取りが悪く，最適な状況で執筆していただけない部分もあったかもしれません。その中で，レベルの高い原稿をご提出いただいたことには感謝しかありません。また，編集の実質的な作業に関しては，共編者である小野寺先生におんぶにだっこでした。一緒に編集をさせてもらうなかで，多くのことを学ばせていただきました。最後に，ナカニシヤ出版の宍倉由高さんには，本書の作成にあたりご支援をいただきました。記して感謝申し上げます。

2018 年 3 月　編者代表　岡田　涼

目 次

第1章　メタ分析　　**1**

1.1　メタ分析とは　　1
　　1.1.1　メタ分析の歴史　　1
　　1.1.2　メタ分析の考え方　　6
　　1.1.3　メタ分析への批判　　6
　　1.1.4　メタ分析への心理的抵抗　　7
　参考文献　　9

第2章　文献の検索と情報のコーディング　　**11**

2.1　文献を探す　　11
　　2.1.1　文献検索の考え方　　11
　　2.1.2　文献検索の方法　　12
　　2.1.3　適格性基準　　13
2.2　情報を取り出す　　14
　　2.2.1　変数のコーディング　　14
　　2.2.2　効果量のコーディング　　15
　　2.2.3　研究の特徴に関する情報のコーディング　　17
　　2.2.4　コーディングの作業と信頼性　　18
2.3　収集した研究の偏りを考える　　18
　　2.3.1　研究の収集可能性　　18
　　2.3.2　公表バイアス　　19
　　2.3.3　公表バイアスを調べる方法　　20
　参考文献　　23

第3章　相関係数のメタ分析　　**25**

3.1　はじめに　　25
　　3.1.1　相関係数のメタ分析の主な流れ　　25
　　3.1.2　相関係数の Z 変換　　26
　　3.1.3　研究の重み付け　　26
3.2　固定効果モデル　　27
　　3.2.1　研究の重み付けとその平均効果量　　27
　　3.2.2　Z 変換の逆変換　　28
3.3　変量効果モデル　　29

iv

	3.3.1	研究間分散の算出	29
	3.3.2	平均効果量の算出	30
	3.3.3	Z 変換の逆変換	31
3.4	異質性の指標	. . . .	32
3.5	心理測定のメタ分析	. . . .	33
	3.5.1	研究の重みと研究内分散	33
	3.5.2	相関係数の重み付け平均	34
	3.5.3	信頼区間と確信区間	34
	3.5.4	最後に	36
	参考文献	. . . .	37

第4章　標準化平均値差の統合　　39

4.1	標準化平均値差	. . . .	39
	4.1.1	標準化平均値差の種類	39
	4.1.2	標準化平均値差の標準誤差	40
	4.1.3	数値例	41
4.2	固定効果モデルと変量効果モデル	. . . .	43
	4.2.1	固定効果モデル	43
	4.2.2	変量効果モデル	44
	4.2.3	固定効果モデルか変量効果モデルか	45
4.3	標準化平均値差の統合	. . . .	45
	4.3.1	固定効果モデルによる標準化平均値差の統合	46
	4.3.2	変量効果モデルによる標準化平均値差の統合	47
4.4	数値例	. . . .	48
	4.4.1	固定効果モデルによる標準化平均値差の統合	49
	4.4.2	変量効果モデルによる標準化平均値差の統合	51
	参考文献	. . . .	53

第5章　構造方程式モデリングを用いたメタ分析　　55

5.1	構造方程式モデリング (SEM) の概要	. . . .	55
	5.1.1	基本的な考え方	55
	5.1.2	下位モデルの例	56
5.2	MASEM の方法	. . . .	60
	5.2.1	はじめに	60
	5.2.2	TSSEM の手続き	61
	5.2.3	分析例	62
5.3	まとめ	. . . .	64
	5.3.1	補足資料：TSSEM の実行のための R スクリプト	65
	参考文献	. . . .	66

v

第6章　ベイズ統計学とは	**67**
6.1　なぜベイズなのか	67
6.2　ベイズ統計学の歴史	69
6.3　ベイズの定理	70
6.4　ベイズ更新と逐次合理性	72
6.5　ベイズ統計学の考え方	74
6.6　共役事前分布	77
6.6.1　事前分布とメタ分析	78
6.7　MCMC	78
6.8　マルチレベル・階層ベイズモデル	80
6.9　実際の分析	81
6.9.1　Stata	81
6.9.2　StataStan	82
6.10　分析結果の解釈	83
6.10.1　MCMC の収束のチェック	83
6.10.2　点推定：EPA, MAP, MED	83
6.10.3　仮説検定	84
6.10.4　信頼区間と確信区間	84
6.10.5　モデル比較	84
参考文献	85

第7章　ベイズ型メタ分析	**87**
7.1　分析例	88
7.2　Stata によるベイズ分析	89
7.2.1　Stata による変量効果のベイズ分析例	89
7.3　RStan によるベイズ型メタ分析	90
7.3.1　RStan による固定効果のベイズ分析例	91
7.3.2　RStan による変量効果のベイズ分析例	93
7.4　StataStan によるベイズ型メタ分析	94
参考文献	96

第8章　メタ分析の流れの実際―メタ認知と学習成績の関係を調べる―	**97**
8.1　問題設定	97
8.1.1　操作的定義	97
8.1.2　魅力的な問題設定	98
8.1.3　分析に必要な研究数	99
8.2　文献収集	100
8.2.1　文献検索	100
8.2.2　採用の基準の決定	101
8.3　研究のコーディング	101

vi

	8.3.1	同一の研究内の複数の効果量の扱い	102
	8.3.2	研究のデータセットの作成	103
8.4	分析		105
	8.4.1	効果量の統合について	105
	8.4.2	出版バイアスの補正	105
8.5	結果の報告について		105
8.6	最後に		106
	参考文献		107

第9章　文献収集の実際と相関係数の統合 　　　　　　　　　　　　　　**109**

9.1	はじめに：研究の背景	109
	9.1.1	テストの分類	109
	9.1.2	小論文試験における測定論上の問題点	109
9.2	文献の収集	110
	9.2.1	収集する文献の基準	110
	9.2.2	データベースおよび文献の選択	111
	9.2.3	メタ分析の実行の前処理	112
9.3	メタ分析の実行	112
	9.3.1	相関係数の統合	112
	9.3.2	相関係数と各研究内の諸条件 (独立変数) の関係	115
	9.3.3	注意点	118
9.4	本研究のまとめ	119
	参考文献	120

第10章　関連の違いを調べる ―メタ分析における調整効果― 　　　　　　**121**

10.1	メタ分析と調整効果	121
	10.1.1	調整効果	121
	10.1.2	交互作用効果	122
	10.1.3	メタ分析における異質性と調整効果	122
10.2	メタ分析における調整効果の分析	123
	10.2.1	異質性の検討	123
	10.2.2	調整効果の検討	126
10.3	学校段階による動機づけと成績との関連の違い	127
	10.3.1	やる気と成績	127
	10.3.2	動機づけと成績との関連に対する学校段階の調整効果	128
10.4	調整効果を調べるその他の方法	129
	10.4.1	Hunter and Schmidt の方法	129
	10.4.2	メタ回帰分析	130
	参考文献	131

第 11 章 時代的な変化を探る —自尊感情の変化に関する時間横断的メタ分析— 133

11.1 時代的な変化を探る方法 133
  11.1.1 時代的な変化に対する関心 133
  11.1.2 コーホート分析 133
  11.1.3 時代的な変化を探ることの難しさ 134
11.2 時間横断的メタ分析 134
  11.2.1 時間横断的メタ分析の考え方 134
  11.2.2 時間横断的メタ分析の方法 136
  11.2.3 時間横断的メタ分析を用いた海外の研究例 137
11.3 日本人の自尊感情の時代的変化 139
  11.3.1 日本人の自尊感情の特徴 139
  11.3.2 日本人の自尊感情に関する時間横断的メタ分析 139
  11.3.3 時間横断的メタ分析からわかったこと 141
11.4 時間横断的メタ分析の意義と限界 142
参考文献 144

第 12 章 メタ分析のためのソフトウェア 147

12.1 Stata によるメタ分析 148
12.2 分析例 149
  12.2.1 Stata による固定効果のメタ分析 149
  12.2.2 Stata による変量効果のメタ分析 150
  12.2.3 Stata によるプロットやバイアスの検定 151
12.3 ネットワークメタ分析 (NMA) 151
  12.3.1 Stata によるネットワークメタ分析 153
  12.3.2 ネットワークメタ分析の注意点 158
参考文献 159

索　引 161

第1章

メタ分析

§ 1.1 メタ分析とは

1.1.1 メタ分析の歴史

　メタ分析ときいて，それが何かわからない人も多いかもしれません．なぜなら，大学の統計学の講義でメタ分析が取り上げられていることはまれで，分布や検定の話，あるいは多変量解析のさわりでシーズンが終わることが多いからです．

　メタ分析は英語の meta-analysis の訳です．メタ・アナリシスと訳されていることもあります．ただ，さまざまな統計分析法には analysis があとにつくことが多いのですが，それをカタカナで呼ぶことは通常しません．factor analysis は因子分析のことですが，analysis をわざわざカタカナにして因子アナリシスとは呼びません．メタという言葉がカタカナなので分析もカタカナのアナリシスにするのだという主張も考えられますが，メタ言語，メタ認知などの言葉にみられるようにメタという言葉自体も日本語の一部として使われていることを考えると分析をわざわざ言いにくいアナリシスとはせず，分析と表記するのが自然なので本書ではメタ分析とすることにします．

　では，いつメタ分析が登場したのでしょうか．心理学データベースである PsycINFO で meta-analysis を検索すると 2017 年 6 月 (本章執筆時点) で 26,172 件のヒットがあります．そこで 1977 年から 2016 年までで meta-analysis という単語にヒットした件数を年ごとに調べてグラフ化したものが図 1.1 です．meta-analysis というキーワードで 1913 年に 1 件資料として *The Sociological*

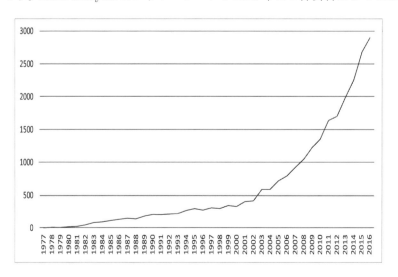

図 1.1: PsycINFO で調べた「meta-analysis」という単語のヒット数

Review に載った文献が出てきますが，本文に meta-analysis という単語が出てくるかどうかは定かではありません。この文献を除くと PsycINFO に現れる最初のメタ分析の論文は 1977 年になります。

ただし，Glass(1976) は PsycINFO に収録されていないジャーナル *Educational Researcher* に「Primary, secondary and meta-analysis of research」というタイトルでメタ分析という言葉を載せているので，これが最初の登場になるでしょう。

実際には PsycINFO に記録されている最初の論文こそがメタ分析の衝撃的なデビューになります。そのタイトルは「Meta-analysis of psychotherapy outcome studies」で著者は Smith, M. L. と Glass, G. V.。論文は *American Psychologist*, Vol 32(9), Sep, 1977, pp.752–760. に発表されています。内容は 375 の研究を統計的に統合し，精神療法とカウンセリングの効果性を検討したものでした。

精神療法やカウンセリングが効果があるのかどうかという議論は Eysenck, H. J. が 1952 年に提起してから続いていました。Eysenck は精神療法とカウンセリングには効果がないと論じていたのです。しかし，20 年以上結論は出ないままでした。

もし，Eysenck の主張が正しければ，多大な費用と時間，労力をカウンセリングに費やしてきた患者は意味のないことをしていたことになります。もちろん，カウンセリングが効果があると信じて実践してきたカウンセラーにとってもゆゆしき事態です。

このように議論があり，多くの見解や異なる研究結果がある場合にとられてきた手法は記述レビュー (narrative review) と呼ばれるものでした (Mullen, 1989)。現在でもジャーナルなどには展望とか資料，レビューなどとして原著論文とは別のカテゴリで載っていることが多いのが，それです。

そこでは数多くの論文を整理し，時には時系列に並べて，あるいはそれぞれの主張に応じて概要が示されます。そういう点では，はじめてその分野に足を踏み入れる研究者にとってはこれまでの研究の歴史的経緯や全体像を得るための貴重な資料となります。

もし，そこですべての研究結果が効果ありを示しているなら話は簡単です。もちろん，すべての結果が効果なしを示しているときも同様です。問題は効果ありの結果もあれば，効果なしの結果もあるような場合です。

執筆者の立場や主観で，ある仮説が支持されているかもしれません。しかし，それは決して決定的とはいえません。統計的な処理がなされないまま，それぞれの仮説を支持・不支持やカテゴリに分けられた表が載っているのがせいぜいです。

また，これはメタ分析にもいえることですが，数多い論文のうちどの研究を選択したのかということが大きな問題になります。記述レビューで取り上げられた論文に偏りがあるのではないかという批判はめったに起きません。批判のための基準自体があいまいだからです。

その点，メタ分析では研究論文の選択にはかなりの注意が払われます。また，それぞれの研究の参加者数なども考慮にいれたチェックなども可能になっています。

なによりも記述レビューとの大きな違いは数量的な結論をメタ分析では出せることです。

前述の Smith と Glass の精神療法とカウンセリングの効果性については，メタ分析の結果によってそれぞれの精神療法の効果性の違いを示すことができ，議論に決着をつけることができたのです。研究の詳細については日本語で概要を知ることもできます (山田・井上, 2012)。

記述レビューとメタ分析のいずれがより正確な結果を生み出すかを実験的に検証した研究もあ

ります (Cooper & Rosenthal, 1980)。7 つの研究結果を伝統的レビュ◯と数量的な方法 (メタ分析) で大学生や大学教員にまとめさせ，結果を比較したのです。結果はメタ分析による数量的な結果の方が有意に伝統的な方法のレビューよりも正確な結果になりました。

残念ながら私たちにはいろいろなステレオタイプや偏見があります。例えば，民主的と独裁的と聞けば民主的がよいという思い込みがあったりします。研究結果をまとめるとき，それらの信念や態度を排除できるものでしょうか。心理学は人間の認知や判断，記憶がいかに簡単に歪められるかを示してきました。それらを考慮すると記述レビューだけに頼る結論は危険であることがわかります。

記述レビューに対してメタ分析が優れているもう 1 つの点は，単独の研究では捉えきれない変数の存在を見つけることが可能だということです。記述レビューが扱うのは一次研究 (primary study) と呼ばれます。これは通常の研究のことです。典型的なものは 1 つの研究で 1 つの仮説を検証し，統計的検定などの結果が報告されています。統計的検定の結果は，t 検定なり，分散分析，χ^2 検定の統計量として報告されていることでしょう。

それに対してメタ分析が扱う研究は二次研究 (secondary study) と呼ばれます。これは一次研究を数多く集めて，それを統合したものです。一次研究の集合体が二次研究といってもよいでしょう。

1 つの研究がすべての重要な変数を網羅することはできません。時間や労力，予算の問題もあるでしょうし，そもそも重要な変数に研究者自身が気がついていないことも多いでしょう。

例えば，大学寮に対する満足度を研究しようとして 1 人部屋と 2 人部屋を比較しようとするかもしれません。この場合，独立変数は部屋の人数で満足度が従属変数になります。これで一次研究が 1 つできたことになります。同じように大学寮の満足度を調べた，たくさんの似た研究を選択して研究の集合体を作れば二次研究になります。

ところで，この一次研究では部屋の人数だけを扱っていますが，他のすべての研究がそうだとは限りません。部屋の人数に加えて，性別や部屋の広さ，建物の階数，廊下の長さ，学年，学生の経済状況など満足度に影響しそうな変数は無数にあります。

しかし，一次研究だけではそれは見えてきません。二次研究を対象としたときに建物の階数を扱った研究で高階層ほど満足度が低い傾向が見られるかもしれません。つまり，メタ分析により重要な独立変数が見いだされる可能性があるということです。表 1.1 に記述レビューとメタ分析の比較をまとめてみました。

ここで注意が必要なのはメタ分析は常に記述レビューより優れているということではないということです。いい加減に研究を集めてメタ分析で統合しても，それはいい加減な結果しか生まないことでしょう。逆に厳密に論文を選択して細かいところまで精査して，主観を排除した記述レビューは，より洞察をもたらすよい結果を生むかもしれません。

メタ分析の有効性が認められるに従って，その方法論も進化しました。2 値変数や相関係数への応用，分析モデルの洗練化，Hunter and Schmidt(1990) の測定値の信頼性係数を利用した補正やシングルケースに対するメタ分析などです。

また，最近では本書でも扱う多変量解析に対するメタ分析やベイズ統計によるメタ分析も登場しました。他には直接比較できない群の効果量を間接的に推定するネットワークメタ分析なども利用されるようになってきました。

応用範囲がこのように広がった理由の 1 つには，従来の単一研究の限界が認識されてきたことが背景にあるのかもしれません。一度限りの研究では再現性が十分高くないことが徐々に認識さ

表 1.1: 記述レビューとメタ分析

	記述レビュー	メタ分析
研究タイプ	一次研究	二次研究
扱う内容	文章	数量
扱う研究選択	恣意的	基準あり
選択研究の妥当性	チェックなし	チェックあり
主観の影響	受けやすい	受けにくい
精度	低い	高い
結論	あいまい	判定を下せる
独立変数の発見	可能性小	可能性大

れてきました。たとえ有意水準 1%の結果が得られても，それは再現性を保証してくれるというわけではありません。

　実際にはさまざまな要因が研究結果に影響します。実験協力者の社会経済的地位や性格特性，体調，実施時間や期間，周囲の環境や実験者自身の影響など挙げていくと切りがありません。その無数の影響の中で実験者がコントロールできるのはわずかに過ぎないのです。

　もちろん，ランダム抽出やランダムな割り付けで関心以外の変数の効果を相殺できるはずという反論はあるでしょうし，それこそが実験計画の根底にある思想です。しかし，実際の現場では予算や時間，労力の制限の中ですべてを理想的にコントロールできないことの方が多いのです。

　かりに 1 つの研究でコントロールが不十分だとしても，それが重要な変数を含んでいれば，多数の研究を統合するメタ分析の中で，それが見えてくるかもしれません。

　たとえると，1 人しかいない状況で，その人が自分の意見を強力に主張していると考えてみてください。それだけでは，それが正しいのかどうかはわからないかもしれません。でも，多数の人が意見を述べている状況なら，その人の意見が普通なのか，極端なのかを知ることができます。もし極端なら，なぜその人は極端な意見を言うのだろうかという疑問を追求していくことができます。もう 1 人だけの意見を聞いて結論を下す時代ではなくなりつつあるということです。

　研究の再現性を補う他にメタ分析には別な利点が考えられます。研究に対する倫理性の基準は過去に比べてずっと厳しいものになっています。重要な知見が得られた研究であっても現在では倫理的な問題で追試できないものも珍しくありません。しかし，現在では実施不可能な研究を過去に遡って統合することで有益な知見が得られるかもしれません。また，ネットワークメタ分析という手法で，実施ができない，もしくは実施が困難な結果を推測することも可能になってきています。

　もう 1 つのメタ分析の利点は小サンプルに対するものです。研究対象によってはたくさんのケースを得ることが難しいことがあります。統計的検定では小サンプルでは有意な差が検出しにくいという問題があります。効果量を報告するなどの方法もありますが，メタ分析を使えばサンプルの少なさを他の研究に補ってもらえます。

　最後に考えられるメタ分析の利点は研究不正の検出の可能性です。結果やデータのねつ造が紛

れ込んだ論文が公表されて，それが知られないままということがよくあります。

　データのねつ造といってもまったくのデタラメな結果という意味とは限らず，常に理論値に近い，予測通りの結果の論文が発表されていることもあります。複数の研究を統合するなかでそのような結果ばかりを出している研究者がメタ分析で見いだされるということもあるかもしれません。

　研究のねつ造・改ざん・盗用についてはゴッドハンド事件やピルトダウン事件などのねつ造問題が国内外で起きた考古学の分野，追試に失敗した STAP 細胞で話題になった生命科学の分野，データの改ざんを行っていたノヴァルティス・ファーマの薬学分野などがあります (黒田, 2016)。しかし，このような不正の問題は心理学や教育学の分野でも無縁とはいえません。

　単独の著者の論文撤回世界記録とされ，183 本の論文を撤回した東邦大元准教授のケースでは他の研究者が「Reported Data on Granisetron and Postoperative Nausea and Vomiting by Fujii et al. Are Incredibly Nice!」というレポートを書いて疑念を指摘していました。簡単にいえば，データ (結果) がきれい過ぎるということです。彼らはメタ分析をしたわけではありませんが，複数の論文を比較検討して一貫し過ぎる結果や記述の同一性を見つけたのです。メタ分析は複数の論文を比較します。単独の論文では気がつかなかった矛盾や奇妙な整合性を見いだすことができる手法でもあるのです。

　不正とはいい切れない問題にもメタ分析は有用です。研究をサブグループに分けた分析によって審査がある論文かそうではないか，利害関係がある企業の研究者が研究グループに入っているかどうか，ある理論を主張する学派かどうかなどで結果に違いがあるかどうかを検討することもできます。このような問題は今日，重大です。例えば，2017年 6 月 3 日の朝日新聞 Digital に「たばこ産業の助成受けた論文はＮＯ！　学会で動き相次ぐ」という記事が載りました。そこでは日本疫学会が「たばこ産業から資金提供を受けた投稿や発表は受け付けない」との項目を規定に追加したことが記されています。「たばこ産業が学術活動を装い，健康被害に関する誤った認識を広めてきた」ことを問題視したためとされています。これは決して大げさでも杞憂でもなく，現在も進行中のことです。たばこ産業が科学と科学者を利用し，どのようにたばこの危険性を打ち消そうとしてきたのか，また，たばこを今も世界中に広めようとしているかについては Mukherjee(2011) の『がん－ 4000 年の歴史－』の下巻に詳しく書かれています。

　たばこや放射能被害，薬害，地球温暖化まで，産業界や政治と結びついて科学的結果を歪めたり，誇大に，あるいは過小に事実を広めようとする動きがあることは心にとめておかなくてはなりません。

　こうしてメタ分析によって研究者の思い込みだけではなく，意図的なバイアスも明らかにすることもできるのです。もちろん，不正の検出ということばかりではなく，サブグループに分けたことでそれまで気がつかなかった新たな要因を見いだすという大きな利点もあります。実際には，こちらの方が本筋ではあるのですが。

　このようにメタ分析にはさまざまな利点があります。複数の研究者の多数の研究結果が統合され，注意深く検討されるなら単一研究の短所を補い，結果の再現性に対して自信がもてるようになり，さらには研究不正や思い込みをただす可能性さえもあるのです。

　これらを踏まえて，最終的に結論を述べることができるためにはメタ分析が必要だという認識が広がっています。実際，アメリカ心理学会が発行している執筆マニュアルにはメタ分析で論文を執筆・投稿する際に含めるべき内容や形式も載るようになっています (*Publication Manual of the American Psychological Association* (6th ed.), pp.251–252)。

6   第 1 章 メタ分析

1.1.2　メタ分析の考え方

メタ分析では複数の研究を集めて二次研究を行います。それぞれの研究がまったく異なるものではメタ分析は行えません。同じ研究目的で，独立変数や従属変数が等価，もしくは類似している，重なり合っている研究が対象となります。

しかし，同じような目的の研究を統合しようとしても，それぞれの統計分析手法は異なるかもしれません。あるものは t 検定，あるものは分散分析，あるものは χ^2 検定，あるいは相関分析や回帰分析といった具合です。

メタ分析の考え方は，これらのそれぞれ異なる統計量を同じものに変換するというものです。言い換えれば，同じ土俵にもって行くということです。具体的には効果量と呼ばれる統計量に変換します。

その場合，標本の大きさの影響を考慮してサンプルサイズで重み付けをして調整を行います。また真の効果量が研究間で同一とみなすのか，それぞれの研究で異なるとみなすのかで固定効果モデルと変量効果モデルを選択します。それにより計算式が異なってきます。

こうして複数の研究を統合して統計量が得られることになります。それは効果量の平均だったり，分散だったり，あるいは信頼区間などとなります。

最終的に二次研究のたくさんの論文を用いて全体として効果があるのか，ないのかを判断することができるようになるのです。

それらの詳細については後の章で具体例とともに扱います。

1.1.3　メタ分析への批判

メタ分析が最初に発表されたときの批判は「オレンジとリンゴ問題」と呼ばれています。オレンジとリンゴという違ったものをごっちゃまぜにしているだけでナンセンスだという批判です。この批判は現在でも払拭されているというわけではありません。

研究をどのような基準で選択するのかには細心の注意が必要です。

「オレンジとリンゴ問題」に関しては，もし柑橘類が関心の的なら不適切になるでしょう。しかし，それが果物というカテゴリに関心があるのなら問題はないでしょう。研究の選択も含めた適切な手順に関しては山田・井上 (2012) が Cooper のモデルをもとに詳しく述べています。自分が何を統合しているのかをよく考えておく必要があります。このことは単一研究における妥当性の問題に似ています。自分が何を測定しているのかを明確にしておくことにつながるからです。

もう 1 つのメタ分析への批判は file drawer problem と呼ばれるものです。これはお蔵入り問題，引き出し問題，ファイル・ドロワー問題などと訳されることがありますが，簡単にいえば研究の公表バイアスのことです。

科学の世界では常に第 1 位であることが現実的には重要です。最初に発見した人は賞賛され，名前が残ります。しかし，少しでも遅れた次の発見者や最初の発見の正しさを追試した研究者は忘れ去られます。分野によっては，この名声が研究費や設備費の充実，昇進などと結びつきます。

結果としては自分の仮説を支持する有意な差が出た結果がより発表されやすくなり，他の研究者は追試を行う動機づけが低下します。さらには論文雑誌の審査者自身も研究者ですので新発見は載せようとしますが，追試論文は載せない傾向が高まります。つまり，行われる研究自体に偏

向が生じていきます。

　また仮説を支持する有意な結果が得られなかった研究は報告されることなく，「引き出し」の奥にしまわれて日の目を見なくなります。

　こうして仮説を支持する有意な結果のみが論文として公表されているのではないかという疑念が生じるのです。

　この問題に対する解決策の１つとしては，得られた効果量から，お蔵入りしているであろう論文数を推定して，それがありそうにないことを示すなどの方策が考えられています。

1.1.4　メタ分析への心理的抵抗

　メタ分析に対する批判に近いものですが，公にはあまり語られることがないものに心理的抵抗があります。

　それはメタ分析という手法がズルではないかという研究者の心の奥にある思いです。

　多くの研究者は研究というものが自分のオリジナリティを表現・主張する手段の１つで，多大な時間や労力，金銭負担をかけて完成させるものだという教育を暗黙のうちに受け，そのような意識をもっているかもしれません。実験装置を購入する予算を確保し，実験のための部屋を都合し，倫理審査書類作成に時間を割いてなんとか審査を通します。それから実験参加者を募り，謝礼のために金銭を負担し，さまざまなトラブルを乗り越えてデータを得て，分析にたどり着きます。ここで仮説が支持されないと先に述べたように最初からやり直しで，すべてが徒労ということも起きます。運良く仮説が支持された場合にやっと，これまた苦労して論文を仕上げ，投稿する段階に進みます。もちろん，ここでも論文が載せられるという保証はありません。何度も論文のレフリーに書き直しを指示され，複数のジャーナルにリジェクトされた後に，ようやく日の目を見ることも珍しくありません。というよりも，それが普通といえるかもしれません。

　１つの論文が公表される背景には多大な時間と労力があるのです。

　一方，メタ分析ではデータベースを使用したり，図書館を回ったり，あるいは論文内容の不明点についてメールや電話で著者に問い合わせはするかもしれません。しかし，それはほとんど机上で行うことができます。倫理書類も必要ありませんし，予算も実験や調査を行うほどには必要としません。器具も実験参加者も必要ありません。

　こう考えていくと，メタ分析が他の人の研究を横領しているような気がしてくるのは自然な気持ちなのかもしれません。

　しかし，研究というものが何のために行われているのかを冷静に考えれば，このような気持ちは適切ではないことに気がつくことでしょう。研究は研究者のエゴや地位・名声確保のために行われているわけではありません。真実を見極めるために有効な手段であれば，最適で有効な手段を利用するのは当然です。

　また，メタ分析が個々の研究では見いだせなかったオリジナルな結果を見いだすための手法でもあることを思い出せば，そこには間違いなく研究者の創造性が関わってきます。どのような視点で研究を選択し，変数を決めるのか，どう分析するのかは研究者の判断ですし，それ次第で結果は大きく変わります。研究者のセンスが問われるのはメタ分析でも一次研究でも変わらないのです。

8 第1章 メタ分析

このようにメタ分析の研究を避ける理由は何もありません。むしろ，卒業研究や修士論文を含め，ますます今後，利用が推奨される手法といえるでしょう。

データの二次的利用

今日，昔と比べて調査や実験は行うのが困難になってきています。統計分析では無作為抽出が理論的前提にありますが，個人情報保護の意識の高まりに伴い個人名簿が得られなかったり，得られても高額になったりしています。また，倫理基準も厳しくなり，過去には行われた実験や調査が今では実施困難，もしくは不可能というケースも出てきています。

このようななかで厳密な要件を満たした研究を個々人が行うことは労力的にも予算的にも難しくなってきています。

そこでデータを協同で利用しようという動きが広がっています。例えば，大阪商業大学JGSS 研究センターが東京大学社会科学研究所の協力を受けて実施した研究プロジェクト日本版 General Social Surveys(JGSS) のデータセットは東京大学社会科学研究所附属社会調査・データアーカイブ研究センターに委託されており，誰でもわずかな条件を満たせば研究にも授業にも利用できます。

東京大学社会科学研究所附属社会調査・データアーカイブ研究センターは JGSS をはじめとした統計調査，社会調査データを多数，収集・保管し，学術目的での二次的な利用のために提供する機関 SSJDA(Social Science Japan Data Archive) を構築しています。

インターネットからどのような質問項目のデータセットがあるのかを知ることもできます。データは SPSS のデータセットとしても用意されており，そのまますぐに分析できるようになっています。他の人や機関が収集したデータを分析することを二次分析と呼びます。もちろん，二次分析の結果は出典の明記などの条件さえ満たせば自分の論文として公表できます。

これは，他の人の研究データを再利用するという点ではメタ分析に似た側面があります。

もちろん，二次分析が研究として劣るとか，低く評価されるいわれはありません。苦労して得たものの，規模が小さく，抽出が偏った標本であるような個人研究よりも，大規模に注意深く抽出されたデータセットの二次分析の方が正しい結論を導き出すのは明らかだからです。

研究者の無意識の抵抗が減れば，メタ分析による研究と同様にデータ・アーカイブを利用した研究も，今後はますます盛んになっていくことでしょう。

参考文献

[1] American Psychological Association. (2010). *Publication Manual of the American Psychological Association* (6th ed.) Washington, DC: American Psychological Association.

[2] Cooper, H. M., & Rosenthal, R. (1980). Statistical versus traditional procedures for summarizing research findings. *Psychological Bulletin, 87,* 442–449.

[3] Glass, G. V. (1976). Primary, secondary and meta-analysis of research. *Educational Researcher,* 5, 3–8.

[4] 黒田壮吉.(2017). たばこ産業の助成受けた論文はＮＯ！ 学会で動き相次ぐ.
< http://www.asahi.com/articles/ASK632H11K63ULBJ001.html > (2017/6/3 抽出).

[5] 黒木登志夫. (2016). 研究不正－科学者の捏造，改竄，盗用. 中央公論社.

[6] Mukherjee, S. (2011). *Emperor of All Maladies: A Biography of Cancer. Fourth Estate.* (シッダールタ ム カジー (著)・田中 文 (訳).(2016).「がん－ 4000 年の歴史－ 上・下」早川書店.

[7] Mullen, B.(1989, 2013). *Advanced BASIC Meta-Analysis.* Lawrence Erbaum Associates, Inc. (Brian Mullen(著) 小野寺 孝義 (訳) (2000). 基礎から学ぶメタ分析. ナカニシヤ出版.(絶版))

[8] Peter, K., Christian, A. C., & Norbert, R. (2000). Reported Data on Granisetron and Postoperative Nausea and Vomiting by Fujii et al. Are Incredibly Nice! *Anesthesia & Analgesia,* Letters to the Editor, *90,* 1004–1006.

[9] 山田剛史・井上俊哉 (編). (2012). メタ分析入門－心理・教育研究の系統的レビューのために－. 東京大学出版会.

第2章

文献の検索と情報のコーディング

§ 2.1　文献を探す

2.1.1　文献検索の考え方

　メタ分析で扱うデータは，ひとつ1つの研究です。そのため，自分が関心をもっているテーマに関連する研究が掲載されている文献を探し出して，そこからメタ分析に含める研究を集めるという作業が必要になります。文献を検索するうえでの基本的な方針は，関連する研究を網羅的に集めるということです。例えば，ソーシャルサポートと自尊感情との関連をメタ分析によって明らかにしようと考えたとします。その場合には，これまでにソーシャルサポートと自尊感情との関連を調べた研究をすべて余すことなく集めることを目指します。

　なぜ網羅的に集めることを目指すかというと，通常のように自分でデータを集める研究 (これを一次研究といいます：第1章参照) とメタ分析では，母集団の考え方にやや違いがあるからです。一次研究でもメタ分析でも，母集団から標本となるデータを抽出して分析をするという点は同じです。ただし，一次研究で想定される母集団はほぼ無限に近いような大規模な集団であるのに対し，メタ分析で想定される母集団は限りがあるものです。日本人におけるソーシャルサポートと自尊感情との関連を調べようとする場合，時間を区切ればもちろん日本人の人数は有限ですが，時間にある程度の幅をもたせると，無限とはいえないまでもかなり膨大なものになります。一方で，これまでにソーシャルサポートと自尊感情との関連を調べた研究の数は限られています。一次研究は無限母集団に近いものであることが多く，メタ分析の対象は有限母集団であるといってもよいかもしれません。メタ分析の対象となりえる研究を構成する母集団は，現実的な範囲で数が限られているので，網羅的に集めることを目指すのです。

　ただし，関連するすべての研究を網羅的に集めたとしても，必ずしも知りたいことを十分に明らかにできるかどうかはわかりません。Cooper(2009) は，メタ分析を行ううえでは，関心のあるテーマに関する先行研究を収集することを目標とするだけでなく，関心のあるテーマに関する母集団についての研究結果を収集することも目標となるとしています。なぜこの2つが区別されるかというと，メタ分析で統合される研究が，必ずしも関心のあるテーマについての母集団を十分にカバーしているかどうかはわからないからです。例えば，小学生において動機づけが成績に対してどのように影響するかを知りたいと思って，小学生を対象に動機づけと成績との関連を調べた研究をすべて収集したとします。ただ，その場合でも過去に低学年の児童を対象とした研究がほとんど行われておらず，ごく少数しか収集できないという場合もありえます。そうすると，すべての先行研究を収集するという目標は達成できたとしても，小学生全体における動機づけと成績との関連を十分に明らかにできたかというと，それは難しいところでしょう。先行研究を網羅的に収集したとしても，自分の関心のあるテーマを完全には明らかにできない可能性もあるのです。メタ分析によってどこまでテーマに迫れるかを，文献を検索する段階で考えていくことが必

12　第 2 章 文献の検索と情報のコーディング

要です。

2.1.2　文献検索の方法

　メタ分析に含める研究を収集するためには，まず関連する研究が載っている文献を探し出さなくてはいけません。そういった文献の代表的なものは，学術雑誌に掲載されている学術論文です。ただし，学術論文以外にも，学会の発表論文集にも関連する研究が掲載されていることもありますし，研究としては行われたものの学術論文や学会発表のかたちでは公表されていないものもあるかもしれません。これらの研究をメタ分析に含めるか否かは，後から一定の基準を設けて判断しなければなりませんが，とりあえず網羅的に集めるということを目指す場合には，幅広く検索を試みることが必要です。

　文献を検索する方法にはさまざまなものがあります。中心となるのはデータベース検索です。現在では，コンピュータを用いて効率的に検索を行うことができるデータベースが豊富に存在しています。例えば，心理学関連の論文を検索するうえで有効なデータベースの 1 つとして，PsycINFO(http://www.apa.org/pubs/databases/psycinfo/) があります。PsycINFO には，アメリカ心理学会 (American Psychological Association:　APA) が刊行する学術雑誌をはじめ，世界中の多くの心理学専門誌が収録されています。また，アメリカ教育省が提供する Education Resources Information Center(ERIC: https://eric.ed.gov/) にも，膨大な数の心理学や教育学に関する学術論文の情報が収められています。日本語の文献を検索するうえでは，国立情報学研究所の CiNii(http://ci.nii.ac.jp/) や科学技術振興機構の J-Stage(https://www.jstage.jst.go.jp/browse/-char/ja/) が役立つでしょう。各データベースの特徴の詳細については，孫 (2012) を参照してください。

　データベースで検索する場合には，検索のためのキーワードを工夫する必要があります。1 つのキーワードだけで検索を行うのではなく，複数のキーワードを用いた方が関連する文献を探し出しやすくなります。例えば，抑うつに関する研究を探したい場合には，"depression"だけでなく，"depressive mood"や"depressed"などに変形させたキーワードでも検索してみた方がよいでしょう。また，そうして検索した結果については，記録を残しておき，論文執筆の際にきちんと記述するようにします。「PsycINFO を用いて，1980 年から 2016 年に出版された文献を対象に検索を行ったところ，"depression"で 500 件，"depressive mood"で 350 件がヒットした」というように，検索に用いたデータベース，検索の範囲，ヒットした件数などを後から記述できるようにしておく必要があります。

　他の検索方法として，学術雑誌をすべてチェックしていく方法もあります。これはハンドサーチ (hand-search) と呼ばれ，この方法によってデータベース検索で漏れた文献を見つけ出すことができます (Durlak, 1995)。やり方としては，関心のあるテーマに関する研究が掲載されている代表的な学術雑誌について，一定期間に掲載された論文をすべてしらみつぶしにチェックしていきます。例えば，"内発的動機づけ (intrinsic motivation)"に関する研究が掲載されている文献を探したいときに，『*Journal of Personality and Social Psychology*』や『*Journal of Educational Psychology*』あるいは『*教育心理学研究*』といった国内外の学術雑誌について，一定の期間に掲載された論文をすべてチェックしていきます。

　入手した文献の引用文献リストも重要な情報を与えてくれます。データベース検索やハンドサー

チで収集した文献の引用文献リストをチェックし，そこから関連する文献を見つけることもできます。関心のあるテーマについてのレビュー論文や書籍があれば，そこから文献を探すこともできます。『*Psychological Bulletin*』や『心理学評論』といった学術雑誌には，さまざまなテーマに関するレビュー論文が掲載されています。また，過去にメタ分析が行われたテーマについて，再度メタ分析を試みることもあります。例えば，報酬が内発的動機づけに及ぼす影響については，異なる理論的立場から数年間にわたっていくつかのメタ分析が行われてきました (Cameron & Pierce, 1994; Deci et al., 1999; Wiersma, 1992)。そういった場合には，過去のメタ分析に含まれた研究は，とりあえずすべて収集しておく必要があるでしょう。もちろん過去のメタ分析の基準を見直して，自分の分析に含めるか否かを再度判断することはありえます。

　他の検索方法として，関心のあるテーマについて多くの論文を執筆している研究者に連絡し，関連する研究が他にないかを尋ねることもあります。特に，この方法は学術論文や学会発表のかたちで公表されていない研究を収集するうえで有効で，後述する公表バイアスへの対処としても重要な方法です。

　以上のように，文献検索の方法にはさまざまなものがあります。なるべく関連する研究を漏らすことなく収集するためには，1 つの検索方法を用いるのではなく，複数の方法を組み合わせて文献を検索することが必要です。例えば，Steel(2007) は，先延ばし (procrastination) と関連する要因についてメタ分析を行うにあたって (1)PsycINFO などのデータベースを検索し，(2)Social Sciences Citation Index などのデータベースで引用文献を検索し，(3) 関連するテーマについて複数の論文を執筆している研究者に未公表の研究がないかを問い合わせ，(4) 収集した文献の引用文献リストを確認する，という方法で検索を行っています。岡田 (2009) は，自己愛傾向と精神的健康との関連を調べた研究を収集するために，データベース検索，引用文献検索，ハンドサーチの 3 つの方法を併用しています。データベース検索では，PsycINFO を用いて 1979 年から 2008 年の文献を対象に検索しています。引用文献検索として，自己愛傾向に関する複数のレビュー論文の引用文献から，データベース検索で漏れた文献がないかを検索しています。そして，ハンドサーチとして，日本の学術雑誌 8 誌について，1979 年から 2008 年に掲載された論文をすべてチェックしています。

2.1.3　適格性基準

　文献を検索するうえでは，なるべく幅広く検索することが必要です。ただし，検索した文献に掲載されている研究をすべてメタ分析に含めるわけではありません。メタ分析の研究目的に照らして，どのような研究を分析に含めるかを取捨選択します。この取捨選択を効率的に行うために，適格性基準 (eligibility criteria) を明確に定めておくことが必要です。適格性基準とは，どのような研究をメタ分析に含め，どのような研究は含めないかを定めた基準のことです。組み入れ基準 (inclusion criteria) や除外基準 (exclusion criteria) ともいいます。井上 (2012) は，適格性基準を定めることは，(1) メタ分析の対象となる研究母集団を明確化する，(2) 収集過程で候補として見つかった研究をメタ分析に含めるか否かのガイドラインとなる，(3) 文献収集過程の透明性，客観性，反復可能性を確保する，といった役割があるとしています。「○○の研究は含める」という方向での基準も，「○○のような研究は含めない」という方向での基準もありえますが，いずれにしても，ある研究を含めるか否かの判断がぶれないように定めておくことが必要です。同時に，適

14 第 2 章 文献の検索と情報のコーディング

格性基準は，メタ分析の対象となる母集団を定めたり，どのような方針で研究を収集したかを外から見えるようにする役割もあります。

適格性基準ではどのようなことを定めておけばよいのでしょうか。Lipsey and Wilson(2001)は，研究の特徴，研究の対象者，鍵概念，研究方法，文化的・言語的な範囲，時間枠，公表のタイプ，を挙げています (表 2.1)。文献検索で見つけ出した文献に掲載されている研究について，このような観点から定められた適格性基準をもとに，メタ分析に含めるか否かを判断していきます。例えば，榊原・北原 (2016) は，認知的感情制御と抑うつ・不安との関連についてメタ分析を行っています。認知的感情制御とは，状況や出来事の意味を認知的に変化させることによって感情の強さや種類を変えることを指します。認知的感情制御を行うことによって，抑うつや不安などの否定的な感情の強さが変わってくると考えられています。ここでの適格性基準は，(1)Cognitive Emotion Regulation Questionnaire(CERQ: Garnefski et al., 2001) という尺度を使用していること，(2) 英文の査読付き論文であること，(3) 抑うつ・不安を自己報告式の尺度で測定していること，(4) 臨床群や特定の状況ではなく一般の対象者であること，(5) すべての対象者が 18 歳以上であること，(6)CERQ の短縮版や子ども版を用いたものではないこと，としています。

ところで，研究がいくつあればメタ分析を行うことができるのでしょうか。当然ながら，見つけ出した文献に掲載されている研究を適格性基準に照らして除外していくと，メタ分析に含めることができる研究の数は減っていきます。その結果として残った研究が非常に少なくなってしまった場合，メタ分析を行ってもよいのでしょうか。Rosenthal(1995) は，研究結果を統合するというメタ分析の手続きは 2 つの研究でも適用できるものの，研究数が少なければメタ分析の結果は安定しないものになると述べています。いくつ以上という明確な基準を考えるよりも，メタ分析の結果がいくつの研究から得られたものなのかということについて，メタ分析を行う側も結果を読む側も自覚しておくことが必要です。

§2.2　情報を取り出す

2.2.1　変数のコーディング

メタ分析に含める研究を収集したら，そこから必要な情報を取り出す必要があります。この作業をコーディングといいます。一次研究でも，回収した質問紙を眺めているだけでは何も見えてきません。質問紙に回答されている情報をデータとして取り出すことが必要です。メタ分析でも同様に，集めた研究から分析に用いるための情報をうまく取り出すことが必要になります。コーディングの作業としては，収集した研究をひとつ 1 つ丁寧に読みながら，研究の特徴を変数として記録していきます。

どのような変数を取り出すかは研究目的によって異なりますが，まず効果量は欠かすことができません。効果量は，メタ分析のテーマに関して変数間の関連やグループ間の差を示した値で，効果量 d や相関係数 r がよく用いられます (第 3 章，第 4 章参照)。メタ分析で明らかにしようとしているリサーチ・クエスチョンに直接答えてくれるのは効果量です。

効果量以外の変数としては，サンプルサイズ，研究方法，公表年，対象者の年齢帯などがあります。これらの変数は，メタ分析にどのような研究が含まれたのかを伝えるために必要な情報になります。一次研究を報告する論文で，どういった人たちを対象にデータを収集したのかを報告

表 2.1: 適格性基準に含めるカテゴリの例 (Lipsey & Wilson, 2001 をもとに作成)

基準	内容
研究の特徴	どのような特徴の研究を含めるか。効果をみる介入の種類，比較を行うグループの特徴，関連を調べる構成概念の特徴，など。
対象者	どのような対象者の研究を含めるか。年齢の範囲，学校段階，何らかの症状の有無，文化的背景，地域，など。
鍵となる変数	どのような変数をもった研究を含めるか。介入の効果にあたる変数，相関を調べる際の共変量や統制変数，など。
研究方法	どのような研究方法の研究を含めるか。実験なのか準実験なのか，無作為割り当てが行われているか否か，妥当性や信頼性のある測定尺度を用いているか否か，など。
文化的・言語的な範囲	どのような文化や言語の範囲の研究を含めるか。英語で報告された研究か否か，など。
時間枠	どの期間の研究を含めるか。ある議論が起こった以降，ある方法が開発された以降，など。
公表のタイプ	どのように公表された研究を含めるか。公表された学術論文，書籍，博士論文，テクニカルレポート，未公表の研究，学会発表，など。

するのと同様に，メタ分析でも，どういった研究を対象としたのか報告することが必要です。また，収集した研究の特徴のいくつかは，研究間での効果量のばらつきを説明する調整変数として使うこともできます (第 10 章参照)。例えば，学習動機づけと成績との関連をメタ分析によって明らかにしようとした場合，両者の間の相関係数は小学生を対象とした研究と中学生を対象とした研究で異なっているかもしれません。このような可能性を探るためには，「対象者の学校段階」という変数をコーディングしておかなければいけません。学校段階のようなグループによる関連の違いをあらかじめ仮説として設定している場合は，当然ながら差を生じさせると考えている変数をコーディングしておきます。そうでなくても，分析を行っている途中で探索的に調べることができるように，なるべく多くの情報を変数としてコーディングしておいた方がよいでしょう。

2.2.2 効果量のコーディング

効果量をコーディングする際には，まずどのレベルの概念を扱うかを考える必要があります。心理学の概念には，幅の広い包括的なものから，その中の一部と考えられるものまであります。例えば，自尊感情や抑うつなどは，広い意味での精神的健康という概念の下位概念であると考えることができます。このような場合には，どのレベルの概念を扱うかを決めてコーディングをしなければなりません。

また，概念とその操作的定義 (operational definition) を区別して考えることも必要です。心理学で扱う概念の多くは抽象的で，直接それ自体を扱うことができません。そのため，どのように測定するかという操作的定義を決めて，ある概念の測定値を得ようとします。例えば，「内発的動

16 第 2 章 文献の検索と情報のコーディング

表 2.2: 効果量に対するコーディングの方略 (Lipsey, 2009 をもとに作成)

方略	コーディングの方法	例
方略 1	下位概念の違いや操作的定義を区別せずにコーディングする。	精神的健康に関する効果量として，自尊感情や抑うつ，孤独感などを区別せずに扱う。それぞれについて異なる尺度が用いられていても区別をしない。
方略 2	1 つの概念について，特定の操作的定義を用いているものだけをコーディングする。	自尊感情に関する効果量として，Rosenberg の自尊感情尺度を用いたものだけをコーディングする。
方略 3	1 つの包括的な概念について，下位概念の違いは区別し，操作的定義は無視してコーディングする。	精神的健康に関する効果量として，自尊感情や抑うつなどを区別してコーディングする。その際に，どのような尺度を用いているかは区別しない。

機づけ」という概念に対して，「自由時間中に自発的に取り組んだ時間」という操作的定義を与えたり，「内発的動機づけ尺度の得点」という操作的定義を与えたりします。1 つの概念に対して，測定方法や測定尺度が複数あるということは，それだけ操作的定義があるということになります。

　扱う概念のレベルと操作的定義の問題をどう扱うかによって，効果量をコーディングする方法も異なります。Lipsey(2009) は，(1) 下位概念の違いや操作的定義を区別せずにコーディングする，(2)1 つの概念について，特定の操作的定義を用いているものだけをコーディングする，(3)1 つの包括的な概念について，下位概念の違いは区別し，操作的定義は無視してコーディングする，という 3 つの方略があるとしています (表 2.2)。どの方略がよいかは研究目的によって異なりますが，(3) のように下位概念の違いをコーディングしておくと事後的な分析に対応しやすいかもしれません。例えば，岡田 (2009) は，自己愛傾向と精神的健康との関連について，まず自己愛傾向と抑うつや不安，神経症傾向との相関係数について効果量を推定し，その後でそれぞれの指標ごとに効果量を推定しています。研究目的を設定し，適格性基準を定める際に，概念と操作的定義をどのように扱うかを決めておき，コーディングの際にはなるべく事後的にも詳細な分析ができるかたちにしておくのがよいでしょう。

　もう 1 つ考えておく必要があるのは，効果量の独立性の問題です。基本的には，1 つのサンプルからは 1 つの効果量だけが得られている状態になっていないといけません。例えば，ソーシャルサポートと抑うつとの関連についてメタ分析を行う場合，ある研究で 2 つの尺度を用いて抑うつが測定されており，それぞれ相関係数が報告されていたとします。しかし，2 つの相関係数をそれぞれ別個のものとして扱うのは問題があります。メタ分析での統計的な方法は独立性を前提としていますが，同じサンプルから得られた効果量をそのまま含めてしまうと独立性が保たれなくなります。同種の問題は，同じ対象者に複数時点あるいは複数場面での調査を実施している場合にも起こりえます。こういった場合に取りえる方法はいくつかあります。Cooper(2009) は，複数の効果量の平均値をその研究の効果量としてコーディングする方法と，どれか 1 つの効果量を選択してコーディングする方法があるとしています。いずれの方法を採用するにしても，コーディ

ングの段階では，なるべくすべての効果量をコーディングしておき，後から詳細な分析を実行できるようにしておくのがよいでしょう。

2.2.3　研究の特徴に関する情報のコーディング

効果量以外にも，研究の特徴に関するさまざまな情報をコーディングしておきます。コーディングすべき情報について，Cooper(2009) は効果量を含めて 8 つのカテゴリに区別しています。そのカテゴリは，(1) 文献に関する情報，(2) 予測変数もしくは独立変数に関する情報，(3) 研究が実施された状況に関する情報，(4) サンプルの特徴に関する情報，(5) 従属変数もしくは結果変数とその測定方法に関する情報，(6) 研究デザインに関する情報，(7) 統計的な結果と効果量に関する情報，(8) コーディングの過程に関する情報，です。

文献に関する情報としては，著者名や出版年，文献のタイプ (学術雑誌，書籍，発表論文集，など)，査読がされたかどうか，などをコーディングします。文献のタイプや査読がされたかどうかという変数は，メタ分析に含める研究の質を評価するうえでも重要です。例えば，一般的には査読がなされている研究の方がそうでない研究よりも，質の高い研究であることが多いです。

予測変数もしくは独立変数に関する情報としては，実験研究と調査研究でコーディングするものがやや異なります。実験研究の場合は，実験操作が行われた方法や期間，実験操作を行った人物 (実験者，学校教員など) といった変数をコーディングします。相関係数を扱う調査研究の場合には，予測変数として用いた尺度の名前やバージョン (オリジナル，短縮版，子ども用など)，α 係数などをコーディングしておくとよいでしょう。

研究が実施された状況に関する情報としては，研究が行われた国や地域などをコーディングします。また，児童・生徒を対象とした研究であれば，公立か私立かなどの情報をコーディングしておいてもよいかもしれません。また，実験研究の場合には，実験室で行われたものか学校などの自然な場面で行われたものかなどもコーディングしておきます。

サンプルの特徴に関する情報としては，どういった対象者に行った研究であるのかが詳しくわかるような情報をコーディングします。具体的には，サンプルサイズ，サンプルの国籍や人種，年齢 (年齢幅，平均年齢など) といった変数です。対象者が児童・生徒の場合には，学年や学校段階も有益な情報となります。他にも，男女比などの情報もコーディングしておきます。

従属変数もしくは結果変数とその測定方法に関する情報としては，効果量がどのような指標から得られているかについての情報をコーディングします。従属変数の操作的定義，測定方法などの情報が必要です。予測変数と同様に，用いた尺度の名前やバージョン，α 係数などもコーディングしておきます。

研究デザインに関する情報としては，研究のデザインの違いを示す変数をコーディングします。実験研究であれば，実験なのか準実験なのか，実験参加者間計画を用いたのか実験参加者内計画を用いたのかなどの情報です。調査研究の場合には，調査方法 (集合調査，郵送調査など) や横断調査か縦断調査かの区別などが変数になります。

統計的な結果と効果量に関する情報としては，先に述べたような点に注意しながら報告されている効果量をコーディングします。その際，効果量そのものとは別に，平均値や SD などの情報が報告されていれば，それらも効果量と併せてコーディングをしておくとよいでしょう。

コーディングの過程に関する情報は，必ずしも分析に利用するものではなく，コーディング作

18   第 2 章 文献の検索と情報のコーディング

業を記録しておくためのものです。コーディングを行った日やコーディングに要した時間，コーディングの際に気づいた点などを記録しておきます。

2.2.4　コーディングの作業と信頼性

コーディングの作業を行う際には，専用のコーディングマニュアルを作成するとよいでしょう。コーディングを行う変数を一覧として設定し，各変数についてコードを決めます。例えば，文献のタイプについて，学術雑誌なら「1」，書籍なら「2」，発表論文集なら「3」といったようなコードを決めておきます。

コーディングの作業に対しては，信頼性を検討することが理想的です。収集した研究によってはコーディングが難しく，人によって判断が分かれるものもあるかもしれません。あるいは，膨大な数の研究をコーディングしていく過程で何らかのミスをする可能性もあります。そのため，できるだけ複数の人が独立にコーディングを行い，信頼性を確認することが望ましいといえます。手順としては，コーディングの仕方について，コーディングを行う人 (コーダー) たちの間で共通理解が得られるように十分な訓練を行い，その後に独立にコーディングを行ったうえで，コーダー間でのコーディングの一致率を計算します。そのような過程を経て，十分な信頼性を確保したうえでメタ分析に用いるデータセットを作成していくことが必要です。

§2.3　収集した研究の偏りを考える

2.3.1　研究の収集可能性

メタ分析においては，関連する研究を網羅的に集めることを目指すと書きました。そのために，複数の異なる検索方法を組み合わせ，漏れがないように可能な限りの努力をします。しかし，そういった努力を行ったうえでも，関連する研究を完全に収集することは困難です。Cooper et al.(1997) は，どれぐらいの割合で研究が公表されないままになっているかを調べています。まず，出発点として，研究に関する倫理面や安全面について治験審査委員会 (Institutional Review Board) の審査を受けた 159 の研究に注目しました。その結果，最終的に学術雑誌での公表に至った研究は 38 件でした (図 2.1)。その過程では，実験条件の問題があって分析がなされなかったり，分析をしても有意な結果を見いだせなかったり，あるいは査読によって不採択になったりと，さまざまな理由で 8 割近くが公表に至りません。どこからどこまでを研究が行われたとみなすのかは難しい問題ですが，少なくとも公表された文献だけを検索していては網羅的に研究を収集したことにはならないでしょう。

文献の中には灰色文献 (grey literature) と呼ばれるものがあります。灰色文献とは，通常の出版ルートで刊行されない資料のことで，そのために入手が困難な場合が多くなります (Rothstein & Hopewell, 2009)。具体的には，学位論文や未公刊論文，個々の研究者や調査機関によって独自に作成された調査報告書などが該当します。現在では，インターネットの普及に伴ってデータベースが整理され，文献へのアクセスがしやすくなってきているために，入手が困難な灰色文献は減ってきています (池田, 2015)。しかし，すべての文献が電子化され，データベースの検索にヒットするわけではありませんし，過去に遡れば遡るほどアクセスするのが困難になります。

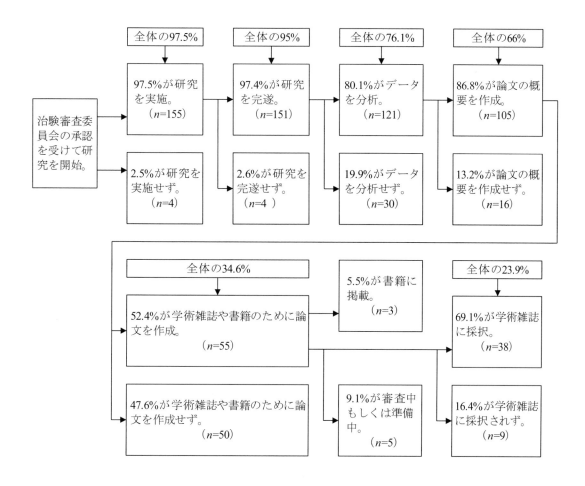

図 2.1: 研究が公表に至るまでの流れ (Cooper et al., 1997 をもとに作成)

2.3.2 公表バイアス

あるテーマに関連する研究を網羅的に収集するのは，かなり難しい課題です。さまざまな検索方法を組み合わせて多面的に研究を探し出す努力をしますが，それでもまだ埋もれている研究があるという可能性も考えなければいけません。先の Cooper et al.(1997) で示されていたように，多くの研究は公表までに至りません。そこにはいくつかの原因がありますが，1 つは有意な結果が得られなかったことにあります。仮説を支持するような有意な結果が得られた場合には，学術雑誌にも論文として採択されやすくなります。一方で，データを集めて分析をしても有意な結果が得られなかった場合には，論文として採択されにくく，そのために研究者にとっても研究としてまとめようという意欲がそがれがちになります。すると，その研究は実際に行われてはいるものの，世に出されずお蔵入りになってしまいます。有意な結果が得られていない研究が公表されにくいという偏りのことを公表バイアス (publication bias: Smith, 1980) といい，そういった研究が世に出されないままになっていることを指してお蔵入り問題 (file drawer problem: Rosenthal, 1979) といいます (第 1 章参照)。

文献を検索する段階で，公表バイアスを避けるためによく用いられる方法は，未公表の文献を

20　　第 2 章 文献の検索と情報のコーディング

収集することです。先に紹介したように，学位論文を検索対象としたり，テーマに関連する研究論文を多く書いている研究者に未公表の研究がないかを問い合わせるなどの対応がとられます。そうすることで，有意な結果が得られていない未公表の研究もメタ分析に含めることができます。ただし，そういった未公表の研究を探す際にも，選択バイアス (selection bias) が生じる可能性もあります (Ferguson & Brannick, 2012)。未公表の研究がないかを個人的に問い合わせる際にも，メタ分析を行う研究者自身の共同研究者や面識のある研究者，あるいは特定の研究領域で著名な研究者にまず目が向くのが自然で，そういった研究者が行った研究は収集されやすくなります。逆にいうと，個人的なつながりがない研究者の研究や必ずしも著名ではない研究者の研究は，収集されずに埋もれたままになりやすい傾向があります。また，個人的に問い合わせたとしても，さまざまな理由で未公表の研究の情報を提供してもらえないこともありえます。そうすると，うまく情報を提供してもらえた研究のみがメタ分析に含まれることになります。公表バイアスを抑えるために未公表の研究を収集しようと努力することは重要ですが，未公表の研究のなかでも特定の研究を選択的に含めてしまいやすいという選択バイアスが生じえることを頭においておく必要があります。

2.3.3　公表バイアスを調べる方法

　研究を収集した後で，公表バイアスの可能性を評価する方法が考案されています。公表バイアスが生じているか否かを調べる方法としてよく用いられるのが，じょうご (漏斗) プロット (funnel plot: Light & Pillemer, 1984) です。じょうごプロットは，効果量を横軸，サンプルサイズや標準誤差，標準誤差の逆数などを縦軸にとり，そこに収集した研究を付置した散布図です (図 2.2)。網羅的に研究が収集されていれば，結果が有意かどうかにかかわらず，効果量は左右対称の分布になるはずです (この形がじょうごを逆さにしたものと似ているため，じょうごプロットという名前がついています)。一方で，もし有意ではない結果が報告されず公表バイアスが生じているのであれば，効果量の分布は偏った形状になるでしょう。このように分布の形を視覚的に判断しようとするのが，じょうごプロットを用いた方法です。図 2.2 を見れば，0.3 から 0.4 あたりの相関係数を中心として左右対称になっており，効果量やサンプルサイズが小さい研究も報告されていることがわかります。また，じょうごプロットをもとに，公表バイアスを修正して母効果量を再度推定する方法 (トリム・アンド・フィル法：Duval & Tweedie, 2000) も考案されています。ただし，じょうごプロットは，研究数や縦軸の取り方によってはバイアスの有無に関する判断を歪めてしまう可能性があることも示されており (Egger et al., 1997; Tang & Liu, 2000)，慎重に扱う必要があります。

　効果量の分布を確認する方法として，幹葉図 (stem and leaf plot) を用いることもできます。幹葉図は，縦軸に効果量の小数第一位の値をとり，各研究の小数第二位の値を並べたもので，小数第一位ごとのヒストグラムのようなものです。考え方としてはじょうごプロットと同じで，その形状を見てバイアスの有無を判断します。図 2.3 は図 2.2 のじょうごプロットに示されている研究を幹葉図に表したものです。「.0」のところに 9 が 2 つ並んでいるのは，.09 という効果量を示す研究が 2 つあったことを示しています。この図からも収集された研究が左右対称に分布していることが見てとれます。

　じょうごプロットや幹葉図から公表バイアスが疑われる場合に，メタ分析によって得られた結果

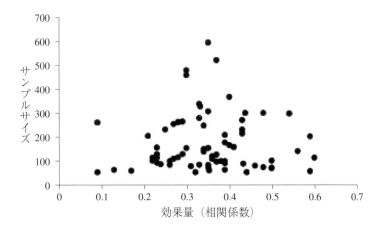

図 2.2: じょうごプロットの例

```
.0 | 99
.1 | 37
.2 | 12233334566778899
.3 | 001233334445555566777899999
.4 | 001333344688
.5 | 004699
.6 | 0
```

図 2.3: 幹葉図の例

を評価する方法も考案されています。昔からよく用いられてきたものにフェイルセーフ N(fail-safe N: Rosenthal, 1979) があります。これは，収集した研究から得られた結果に対して，効果量が 0 である研究があといくつあればメタ分析によって得られた効果量が有意ではなくなるかを考えるものです。具体的には，以下の式で X の値を求めます。ここで k は研究数，Z は標準化された効果量の平均です。

$$1.645 = k \times Z \times \sqrt{k+X} \tag{2.1}$$

もし仮にこの式で求めた X が 10.5 だったとすると，効果量が 0 の研究があと 11 個追加されると，メタ分析の結果が有意ではなくなるということを示します。この値が大きければ大きいほど，メタ分析で得られた効果量が有意であるという結論が公表バイアスによって歪んでいる可能性は低くなります。逆に言うと，効果量が 0 の研究があと数個見つかれば有意でなくなってしまうとすると，メタ分析で得られた効果量が有意であるという結論は公表バイアスの影響を受けている可能性が高いと言えます。ただし，この方法に対しては，効果量の値に注目せずに有意性検定だけに焦点をあてていることや，見つけられていない研究の効果量を 0 に固定して考えていること

などが限界として指摘されています (Borenstien et al., 2009)。そういった限界を考慮して，有意か否かではなく特定の効果量を基準として設定する方法も考案されています (Orwin, 1983)。

　できる限り網羅的に関連する研究を収集しようとする努力は必要です。ただし，どれほど綿密に文献を検索したとしても，未公表の研究を収集するのには自ずと限界があります。いくらかの公表バイアスが生じているという可能性を常に考えておき，どれぐらいバイアスが生じているかをきちんと評価したうえで，その結果を報告することが求められます。

参考文献

[1] Borenstein, M., Hedges, L. V., Higgins, J. P. T., & Rothstein, H. R. (2009). *Introduction to meta-analysis*. Chichester, UK: Wiley.

[2] Cameron, J., & Pierce, W. D. (1994). Reinforcement, reward, and intrinsic motivation: A meta-analysis. *Review of Educational Research, 64*, 363–423.

[3] Cooper, H. (2009). *Research synthesis and meta-analysis: A step-by-step approach* (4th ed.). Thousand Oaks, CA: Sage.

[4] Cooper, H., DeNeve, K., & Charlton, K. (1997). Finding the missing science: The fate of studies submitted for review by a human subjects committee. *Psychological Methods, 2*, 447–452.

[5] Deci, E. L., Koestner, R., & Ryan, R. M. (1999). A meta-analytic review of experiments examining the effects of extrinsic rewards on intrinsic motivation. *Psychological Bulletin, 125*, 627–668.

[6] Durlak, J. A. (1995). Understanding meta-analysis. In L. G. Grimm, & P. R. Yarnold (Eds.), *Reading and understanding multivariate statistics*. Washington, DC: American Psychological Association. pp.319–352.

[7] Duval, S., & Tweedie, R. (2000). Trim and fill: A simple funnel-plot-based method of testing and adjusting for publication bias in meta-analysis. *Biometrics, 56*, 455–463.

[8] Egger, M., Smith, G. D., Schneider, M., & Minder, C. (1997). Bias in meta-analysis detected by a simple, graphical test. *BMJ, 315*, 629–634.

[9] Ferguson, C. J., & Brannick, M. T. (2012). Publication bias in psychological science: Prevalence, methods for identifying and controlling, and implications for the use of meta-analyses. *Psychological Methods, 17*, 120–128.

[10] Garnefski, N., Kraaij, V., & Spinhoven, P. (2001). Negative life events, cognitive emotion regulation and emotional problems. *Personality and Individual Differences, 30*, 1311–1327.

[11] 池田貴儀 (2015). インターネット時代の灰色文献—灰色文献の定義の変容とピサ宣言を中心に—. 情報管理, *3*, 93–203.

[12] 井上俊哉 (2012). 問題の定式化 山田剛史・井上俊哉 (編著) メタ分析入門—心理・教育の系統的レビューのために—. 東京大学出版会 pp.25–48.

[13] Light, R. J., & Pillemer, D. B. (1984). *Summing up: The science of reviewing research*. Cambridge, MA: Harvard University Press.

[14] Lipsey, M. W. (2009). Identifying interesting variables and analysis opportunities. In H. Cooper, L.V. Hedges, & J. C. Valentine (Eds.), *The handbook of research synthesis and meta-analysis* (2nd ed.). New York: Russell Sage Foundation. pp.147–158.

[15] Lipsey, M. W., & Wilson, D. B. (2001). *Practical meta-analysis*. Thousand Oaks, CA: Sage Publications.

[16] 岡田 涼 (2009). 青年期における自己愛傾向と心理的健康:メタ分析による知見の統合. 発達心理学研究, *20*, 428–436.

[17] Orwin, R. G. (1983). A fail-safe *N* for effect size in meta-analysis. *Journal of Educational Statistics, 8*, 157–159.

[18] Rosenthal, R. (1979). The file drawer problem and tolerance for null results. *Psychological Bulletin, 86*, 638–641.

[19] Rosenthal, R. (1995). Writing meta-analytic reviews. *Psychological Bulletin, 118*, 183–192.

[20] Rothstein, H. R., & Hopewell, S. (2009). Grey literature. In H. Cooper, L. V. Hedges, & J. C. Valentine (Eds.), *The handbook of research synthesis and meta-analysis* (2nd ed.). New York, NY:Russell Sage Foundation. pp.317–333.

[21] 榊原良太・北原瑞穂 (2016). メタ分析による認知的感情制御尺度と抑うつ・不安の関連の検討. 心理学研究, *87*, 179–185.

[22] 孫媛 (2012). 文献の探索 山田剛史・井上俊哉 (編著) メタ分析入門—心理・教育の系統的レビューのために—. 東京大学出版会 pp.49–71.

[23] Smith, M. L. (1980). Publication bias and meta-analysis. *Evaluation in Education*, *4*, 22–24.

[24] Steel, P. (2007). The nature of procrastination: A meta-analytic and theoretical review of quintessential self-regulatory failure. *Psychological Bulletin*, *133*, 65–94.

[25] Tang, J. L., & Liu, J. L. (2000). Misleading funnel plot for detection of bias in meta-analysis. *Journal of Clinical Epidemiology*, *53*, 477–484.

[26] Wiersma, U. J. (1992). The effects of extrinsic rewards in intrinsic motivation: A meta-analysis. *Journal of Occupational and Organizational Psychology*, *65*, 101–114.

第3章

相関係数のメタ分析

§ 3.1 はじめに

本章では，相関係数のメタ分析について解説します。心理学の主に質問紙などを用いた観察的研究において，相関係数は多く報告される効果量の1つです。なお，ここでの相関係数はピアソンの積率相関係数を意味し，以下の式で定義されるものです。添え字の i は i 番目の個人の値を意味します。$\overline{X}$，$\overline{Y}$ はそれぞれ，変数 X，Y の平均値です。つまり，変数 X と Y について共分散を求め，それぞれの標準偏差の積で除した値です。

$$r = \frac{\frac{1}{n}\sum(X_i - \overline{X})(Y_i - \overline{Y})}{SD_X \times SD_Y} \tag{3.1}$$

相関係数のメタ分析は，複数の研究で報告された同一尺度 (あるいは，同一概念) の相関係数を統合し，母集団における当該変数同士の関連を推定します。本章では，多くのメタ分析研究で用いられている Hedges and Olkin(1985) や Borenstein et al.(2009) 式の相関係数のメタ分析の方法を紹介します。

3.1.1 相関係数のメタ分析の主な流れ

図 3.1 に相関係数のメタ分析の主な流れを示します。

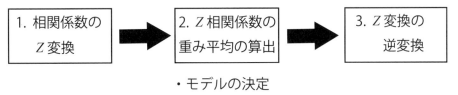

- モデルの決定
  (固定効果モデル or 変量効果モデル)
- 重み平均の算出
- 研究内分散，研究間分散の推定

図 3.1: 相関係数のメタ分析の手順

相関係数のメタ分析は，第1に各研究の相関係数を Z 変換 (本章では以下，Z 相関係数と表記する) することから始まります。第2に，各研究の Z 相関係数をサンプルサイズで重み付けした平均値を算出します。この重み付けには，研究内の分散，研究間の分散が考慮されます。なお，この重み付けの仕方は，固定効果モデルと変量効果モデル (random effects model:ランダム効果モ

26   第 3 章 相関係数のメタ分析

デルともいう) のどちらを選択するかで異なります。後述しますが,どちらを選択するかで統計量のもつ意味や考え方が変わってきます。そして,最後に Z 変換の逆変換を行うことで,単位をもとの相関係数に戻します。相関係数のメタ分析も他のメタ分析 (例えば,平均値の差のメタ分析：第 4 章参照) と基本的には同じステップを踏みますが,最初と最後の相関係数の変換の手続きが他のメタ分析とは異なるところです。

3.1.2 相関係数の Z 変換

相関係数のメタ分析では,複数の研究で報告されている相関係数をそのまま用いるのではなく,Fisher の Z 変換を用います (Borenstein et al., 2009)。なお,ここでの Z 変換は,Z 変数すなわち,ある変数を平均値 0, 標準偏差 1 に標準化する手続きとは異なるので注意が必要です。Z 変換を用いる理由として,相関係数の分布は歪んでおり,そのままの相関係数同士の平均を求めると推定値にバイアスが生じることが挙げられます (Silver & Dunlap, 1987)。

Fisher の Z 変換は,相関係数を以下の式に当てはめて計算します。

$$Z = 0.5 \times \ln \frac{(1+r)}{(1-r)} \tag{3.2}$$

例えば,ある研究で報告された研究が $r = .30$ だとすると,この公式に当てはめると,以下のようになります。

$$Z = 0.5 \times \ln \frac{(1+.30)}{(1-.30)} = 0.31 \tag{3.3}$$

この計算は,関数電卓を使うときはこのままで計算が可能です。Excel を用いるときは,以下のように入力します。

```
= 0.5 * LN((1+ .30)/(1- .30))
```

さらに,Z 相関係数の分散は,以下の式で計算します。

$$V_Y = \frac{1}{n-3} \tag{3.4}$$

ちなみに,相関係数の分散は以下の式で表されます。Z 相関係数の分散とは式がやや異なるので注意が必要です。

$$V_r = \frac{(1-r^2)^2}{n-1} \tag{3.5}$$

3.1.3 研究の重み付け

次のステージでは,Z 相関係数の重み付けを行います。相関係数のメタ分析は,複数の研究で報告された相関係数を統合する作業です。単純に考えると,相関係数の平均をとることになりますが,研究間でそのサンプルサイズは多様です。サンプルサイズがかなり大きい研究ほど,真の値に近いと考えられますが,小さいものでは,極端な値が得られている可能性があります。重み付け平均は,サンプルサイズの大きさを考慮して算出します。なお,この重み付けの方法は,採用するモデルにより計算過程がやや異なります。ここで,以下 (表 3.1) の 5 つの研究の相関係数を統合するアプローチを考えてみたいと思います。

表 3.1: データセット

研究	r	N
A	.30	200
B	.42	70
C	.55	30
D	.10	30
E	.25	300

§3.2　固定効果モデル

　固定効果モデルでは，相関係数の母数は 1 つの値であると捉えます。表 3.1 の 5 つの研究の相関係数をみると，.10 から .55 の値をとっており，値が同じではありません。固定効果モデルでは，これらの値の背後には，1 つの真の値が存在すると考えます。そして，このばらつきは，標本誤差 (sampling error) によるものと考えます。各研究は，母集団からのランダムサンプリングです。研究によっては，サンプルサイズが小さいものもあります。サンプルサイズが小さいと，相関係数を推定する際の誤差が大きくなってしまいます。

　そこで，まず各研究の重み (W_i) を考えます。重みは，研究内分散 (Z 相関係数の分散) の逆数であり，以下の式で計算します。

$$W_i = \frac{1}{V_{Y_i}} \tag{3.6}$$

この時の，添え字の i は各研究を意味しています。例えば，A の研究の研究内分散は，

$$W = 1 \div 0.0051 = 196.078 \tag{3.7}$$

となります。同様に A から E について値を求めたものが表 3.2 です。

3.2.1　研究の重み付けとその平均効果量

　次に，研究のサンプルサイズで重み付けられた Z 相関係数の平均を以下の式で計算します。

$$M = \frac{\sum W_i Y_i}{\sum W_i} \tag{3.8}$$

　表 3.1 のデータで考えてみると，

$$
\begin{aligned}
M &= (60.686 + 30.047 + 16.714 + 2.711 + 75.118) \\
&\quad \div (196.078 + 67.114 + 27.027 + 27.027 + 294.118) \\
&= 185.275 \div 611.364 \\
&= 0.303
\end{aligned}
$$

28   第 3 章 相関係数のメタ分析

表 3.2: 固定効果モデルにおける計算例

研究	Z 相関	分散 (研究内)	重み	
	Y	V_Y	W	WY
A	.310	0.005	196.078	60.686
B	.448	0.015	67.114	30.047
C	.618	0.037	27.027	16.714
D	.100	0.037	27.027	2.711
E	.255	0.003	294.118	75.118
合計			611.364	185.275

(表の中の各値は小数点以下第 4 位を四捨五入し第 3 位まで表記しています。ただし，計算自体は四捨五入せず行っています。そのため，若干の計算誤差が生じる可能性があります。)

　この時点で，平均的な効果量が求められました。この値がどの程度，標本誤差によって変動するのかを評価するために，95%信頼区間を求めます。95%信頼区間を計算するには，この Z 相関係数の重み付け平均の分散を知る必要があります。分散は以下の式で計算されます。

$$V_m = \frac{1}{\sum W_i} \tag{3.9}$$

そして，この重み付けされた分散の平方根をとったものが，標準誤差となります。

$$SE_m = \sqrt{V_m} \tag{3.10}$$

標準誤差がわかると，それを用いて，95%信頼区間を求めることができます。

信頼区間上限　$UL = M + SE_m \times 1.96$

信頼区間下限　$LL = M - SE_m \times 1.96$ (3.11)

表 3.1 のデータについては，それぞれ以下のように計算できます。

$$V_m \quad = \quad 1 \div 611.36 = 0.0016$$
$$SE_m \quad = \quad \sqrt{0.0016} = 0.04$$
$$信頼区間上限 \quad UL \quad = \quad 0.303 + 0.04 \times 1.96 = 0.382$$
$$信頼区間下限 \quad LL \quad = \quad 0.303 - 0.04 \times 1.96 = 0.224$$

3.2.2 　Z 変換の逆変換

　上のセクションで Z 相関について，その重み平均値と 95 ％信頼区間を求めることができました。最後に，これらの値を (3.12) 式を用い Z 変換の逆変換を行い，元の相関係数の単位に戻します。

$$R = \frac{e^{2Z} - 1}{e^{2Z} + 1} \tag{3.12}$$

ここでの Z は Z 相関係数を意味します。e は自然対数の底を表しています。この式を EXCEL で計算するには，$= (\text{EXP}(2*Z)-1)/(\text{EXP}(2*Z)+1)$ と入力します。それぞれを計算すると以下のようになります。

$$
\begin{aligned}
\text{重み付け相関係数 } R &= (\text{EXP}(2*0.303)-1)/(\text{EXP}(2*0.303)+1) = 0.294\\
\text{信頼区間上限 } UL &= (\text{EXP}(2*0.382)-1)/(\text{EXP}(2*0.382)+1) = 0.364\\
\text{信頼区間下限 } LL &= (\text{EXP}(2*0.224)-1)/(\text{EXP}(2*0.224)+1) = 0.220
\end{aligned}
$$

つまり固定効果モデルによる表 3.1 データのメタ分析の結果は，

$$r = 0.29 \qquad 95\%CI[0.22,\ 0.36]$$

ということになります。以上で，固定効果モデルによるメタ分析は終了です。

§3.3 変量効果モデル

次に変量効果モデルについて解説します。固定効果モデルでは，相関係数の真の値はどの研究でも同じで，微妙にその値が異なるのは，標本誤差によるものという仮定をしました。一方，変量効果モデルでは，研究間の分散に標本誤差では説明できない分散を仮定します。同じ変数同士の相関係数を扱った研究でも，研究間で対象としたサンプルの発達段階，性別，文化などさまざまな要因が異なっていることがあります。そのようななかで，相関係数の値が，例えば，小学生では相関係数が高い，大学生では低いなど，扱う研究によってその真値がそもそも異なっていることも考えられます。むしろ，そのような場合のほうが，現実的には妥当な考え方かもしれません。Borenstein et al.(2009) は，同じ研究者が同じ手続きで同じ母集団からサンプリングした一連のデータを統合するのであれば固定効果モデルが適切であるが，それ以外の多くの場合は変量効果モデルを適用するのが妥当であると述べています。変量効果モデルでは，相関係数の値は，標本誤差では説明できない分散を仮定し，その大きさを考慮に入れた推定値を計算します。

3.3.1 研究間分散の算出

変量効果モデルでは，まず，研究間分散 (τ^2) を求めます。τ^2 の推定は，以下の式で行います。

$$\tau^2 = \frac{Q - df}{C} \tag{3.13}$$

この式に含まれる Q, df, C はそれぞれ以下の式で求めます。

$$Q = \sum W_i Y_i{}^2 - \frac{(\sum W_i Y_i)^2}{\sum W_i} \tag{3.14}$$

$$df = k - 1 \tag{3.15}$$

(※ k は研究数を表します。)

30　第 3 章 相関係数のメタ分析

$$C = \sum W_i - \frac{\sum W_i^2}{\sum W_i} \tag{3.16}$$

τ^2 の分子の部分 $(Q - df)$ は，負の値をとることがあります。その場合には，分子を 0 とみなして計算します。すなわち，$\tau^2 = 0$ となり，研究間分散がない状態を表します。ちなみにこの τ^2 の推定方法は，モーメント法もしくは，DarSimonian and Laird 法 (DarSimonian and Laird method) と呼ばれる方法です。他にも τ^2 の推定法には，さまざまな方法が存在し (Viechtbauer, 2005)，何を用いるかで，変量効果モデルの相関係数の平均値は微妙に異なります。

よく用いられる方法の 1 つに，制限最尤法 (restricted maximum likelihood estimation) という推定法があります。制限最尤法は，他の方法に比べてバイアスが少ないなどのメリットがあり (Viechtbauer, 2005)，例えば，R パッケージの "metafor" では，デフォルト設定となっています。制限最尤法は，対数尤度関数を最大にする最尤推定値を計算するのですが，これには複雑な計算過程を伴うため，コンピュータによる反復の作業が必要です。この点，モーメント法のメリットを挙げるなら，計算の容易さです。もしも手計算でメタ分析を行うなら，モーメント法を用いるのが妥当な選択となるでしょう。モーメント法を用いても，制限最尤法とほとんど変わらないというシミュレーション結果も報告されています (Kontopantelis & Reeve, 2012)。

表 3.3: 変量効果モデルを用いた計算例

研究	Z 相関	分散 (研究内)	重み						分散*	重み*	
	Y	V_Y	W	W^2	WY	Y^2	WY^2	V^*	W^*	W^*Y
A	0.310	0.005	196.078	38446.751	60.686	0.096	18.782	0.010	102.041	31.582
B	0.448	0.015	67.114	4504.302	30.047	0.200	13.452	0.020	51.020	22.842
C	0.618	0.037	27.027	730.460	16.714	0.382	10.336	0.042	23.981	14.830
D	0.100	0.037	27.027	730.460	2.711	0.010	0.272	0.042	23.981	2.405
E	0.255	0.003	294.118	86505.190	75.118	0.065	19.185	0.008	123.457	31.531
合計			611.364	130917.164	185.275	0.754	62.027	0.121	324.480	103.189

表 3.1 のデータを用いると，以下のようになります。なお，計算過程の数値は，表 3.3 を参照してください。

$Q = 62.027 - 185.275^2 \div 611.364 = 5.879$

$df = 5 - 1 = 4$

$C = 611.364 - 130917.164 \div 611.364 = 397.225$

$\tau^2 = 0.0047$

3.3.2　平均効果量の算出

変量効果モデルにおける研究の分散は以下の式で求められます。アスタリスク (*) は，固定効果モデルにおける指標と区別するために付けています。具体的な計算過程の数値は表 3.3 を参照

してください。

$$V_{Y_i}^* = V_{Y_i} + \tau^2 \tag{3.17}$$

重みは以下の式で求めます。

$$W_i^* = \frac{1}{V_{Y_i}^*} \tag{3.18}$$

例えば，A の研究は $W^* = 1 \div (0.005 + 0.0047) = 102.04$ となります。そして，重み付け平均 M^* は，以下で求められます。

$$M^* = \frac{\sum W_i^* Y_i}{\sum W_i^*} \tag{3.19}$$

表 3.1 のデータで計算すると，$M^* = 103.189 \div 324.480 = 0.318$ となります。

そして，この時の 95%信頼区間は，標準誤差を使って求めます。まず，Z 相関の重み付けられた分散 (V_m^*) を求め，そこから平方根をとったものが母集団における標準偏差 SE_m^*，すなわち標準誤差となります。95%信頼区間は，(3.22) 式で計算されます。

$$V_m^* = \frac{1}{\sum W_i^*} \tag{3.20}$$

そして，この重み付けされた分散の平方根をとったものが，標準誤差となります。

$$SE_m^* = \sqrt{V_m^*} \tag{3.21}$$

信頼区間上限　$UL^* = M^* + 1.96 \times SE_m^*$

信頼区間下限　$LL^* = M^* - 1.96 \times SE_m^*$ $\tag{3.22}$

表 3.1 の例で計算すると，以下のようになります。

$V_m^* = 1 \div 324.48 = 0.003$

$SE_m^* = 0.056$

$UL^* = 0.427$

$LL^* = 0.209$

3.3.3　Z 変換の逆変換

最後にこれらの値について (3.10) 式を用い，Z 変換の逆変換をして，もとの単位に揃えます。

重み付け相関係数　$R^* = (EXP(2 \times 0.318) - 1) \div (EXP(2 \times 0.318) + 1) = 0.308$

信頼区間上限　$UL^* = (EXP(2 \times 0.427) - 1) \div (EXP(2 \times 0.427) + 1) = 0.402$

信頼区間下限　$LL^* = (EXP(2 \times 0.209) - 1) \div (EXP(2 \times 0.209) + 1) = 0.206$

つまり，表 3.1 のデータを変量効果モデルで分析すると，$r = 0.31$, $95\% CI[0.21, 0.40]$ となります。以上で変量効果モデルによる重み付け相関の計算は終わりです。ただし，変量効果モデルを用いた場合，以下のセクションで解説する異質性の指標を評価し，その値を報告する必要があります。

§3.4 異質性の指標

ここまで，相関係数のメタ分析において，各研究の相関係数を統合するアプローチを紹介してきました。特に変量効果モデルでは，真の相関係数が研究間で異なることを仮定していました。ここでは，研究間のばらつきを評価する指標について紹介します。研究間における相関係数のばらつき度合いは，研究間の異質性 (heterogeneity) と呼ばれます。異質性が高いということは，測定誤差では説明しきれないほど，各研究で報告された相関係数の値が異なっている (真の効果量がばらついている) ことを意味します。

異質性を評価するためには，まず，先ほど求めた Q を用います。Q は別の式で，以下のように表現されます。

$$Q = \sum W_i(Y_i - M)^2 \tag{3.23}$$

Y_i は各研究の効果量を表し，M は重み付けされた効果量 (Z 相関係数) を意味します。この式は，統計の教科書で学習する分散の分子部分の式，偏差の 2 乗和とよく似ています。違うところは，式の中に，各研究の重み (W_i) があることです。つまり，Q の指標は，効果量にサンプルサイズで重み付けした偏差の 2 乗和と捉えることができます。

なお，Q の値は，χ^2 分布に近似するため，$df = k - 1$ の χ^2 分布を用いた検定が可能です。この値が有意であれば，効果量の分散が有意であると判断できます。

表 3.1 の例では，$Q = 5.88$ だったので，$df = 4$ の χ^2 分布に従います。有意水準を 5% としたときの，χ^2 の臨界値は 9.488 なので，帰無仮説 (効果量は等質である) を棄却できません。

ただし，Q の値，そして p 値は研究数に依存します。研究数が少ない場合に Q の値が小さくなる性質があります。そのため Q の値や，p 値による検定は，異質性が有るか無いかの判断にしか使えず，Q を直接に異質性の指標とすることはできません (Borenstein et al., 2009)。そこで，効果量の真の分散の指標として，τ^2 が用いられます。τ^2 は先述したとおり，Q を用いて計算されます。

さらに，I^2 という指標が考案されています (Higgins & Thompson, 2002)。I^2 は，全分散に占める研究間分散の割合であり，以下の式で計算されます。この割合が高いほど，研究同士の異質性が高いと判断できます。I^2 は割合で表現されるため，直感的にわかりやすい値となっています。なお，$Q - (k - 1)$ の部分は可能性として，マイナスになることがあります。その場合は，この部分を 0 と考えます。今回のデータでは，$I^2 = 100\% \times ((5.88 - 4) \div 5.88) = 31.97\%$ となります。

$$I^2 = \frac{研究間分散}{全分散} = 100\% \times \left(\frac{Q - (k - 1)}{Q}\right) \tag{3.24}$$

(※ 分子がマイナスの時，分子は 0 とおく)

I^2 の標準誤差や信頼区間の求め方も Higgins らによって紹介されています (Higgins & Thompson, 2002)。そのほかにも，異質性を評価する指標として，H^2 や R^2 という指標が考案されています。これらの値は，Q や I^2 と互いに密接に結びついています。詳しくは Higgins らの論文を参照してください。

§3.5 心理測定のメタ分析

相関係数のメタ分析には，Z 変換を行わずにそのままの相関係数を用いて分析する方法も存在します。これは，心理測定のメタ分析 (Psychometric Meta-analysis) と呼ばれるもので，Schmidt and Hunter(2014) が提唱しているものです。この手法では，Z 相関係数を用いず，相関係数を希薄化させるアーティファクト (artifact) を修正し，総合的な効果量を推定します。アーティファクトには，さまざまなものが考えられ，例えば変数の信頼性などが挙げられます[1]。その場合，信頼性の推定値 (例えば，Cronbach の α 係数) を用い，相関係数の希薄化を修正します。信頼性による希薄化について解説を加えると，例えば，真の相関係数が $\rho_{TU} = 0.30$ で，2 つある変数の 1 つの信頼性が.80 で，もう 1 つが完璧 (1.00) に測定されていたと仮定します。この時，手元のデータから計算される相関係数は，

$$0.30 \times \sqrt{0.80} = 0.27$$

となり，真の値が.30 であるのに対し，手元の相関係数は 0.27 といくぶん希薄化が起こっています。Schmidt and Hunter 流のメタ分析では，信頼性の推定値などを用い，得られた相関係数を補正することで，真の相関係数を推定します。

以下，Schmidt and Hunter による相関係数のメタ分析の進め方を簡単に説明します。Schmidt and Hunter の方法では，(3.25) 式で相関係数の希薄化を捉えます。ρ は観測された相関係数であり，ρ_{TU} は，真の相関係数を意味します。A はアーティファクト (ここでは，信頼性係数) を意味します。このとき，A は信頼性係数の推定値から平方根をとったものになっています。

$$\rho = \rho_{TU} \times A \tag{3.25}$$

この式をもとに，実際に相関係数の希薄化を修正するには，以下の式を用います。なお，r_{ci} は希薄化を修正した i 番目の研究の相関係数，r_{xx}，r_{yy} は，当該研究の相関係数における，それぞれ変数 X の信頼性係数の推定値，変数 Y の信頼性係数の推定値を意味します。

$$r_{ci} = \frac{r_i}{\sqrt{r_{xxi}}\sqrt{r_{yyi}}} \tag{3.26}$$

ここで，以下の研究 (表 3.4) について考えてみます。研究 A の相関係数について，希薄化を修正した値は，$r_c = 0.3 \div (\sqrt{0.90} \times \sqrt{0.77}) = 0.36$ となります。

3.5.1 研究の重みと研究内分散

研究の重みは，以下の式で計算されます。

$$W_i = N_i A_i^2 \tag{3.27}$$

すなわち，研究 A の重みは，$W = 200 \times (\sqrt{0.90} \times \sqrt{0.77})^2 = 200 \times 0.90 \times 0.80 = 138.600$ となります。

---

[1] その他のアーティファクトについては，Schmidt and Hunter(2014) の Table 2.1 を参照ください。

34　第 3 章 相関係数のメタ分析

表 3.4: 心理測定のメタ分析で用いるデータ

研究	r	N	信頼性 x	信頼性 y	r_c	Vrc	W	Wr_c	$W(r_{c_i}-\bar{r}_c)^2$	$WVrc$
A	0.30	200	0.90	0.77	0.360	0.006	138.600	49.948	0.008	0.832
B	0.42	70	0.86	0.67	0.553	0.017	40.334	22.317	1.385	0.688
C	0.55	30	0.88	0.80	0.656	0.024	21.120	13.844	1.746	0.503
D	0.10	30	0.55	0.64	0.169	0.096	10.560	1.780	0.420	1.014
E	0.25	300	0.76	0.84	0.313	0.005	191.520	59.925	0.582	0.882
合計							402.134	147.814	4.140	3.919

　なお，相関係数の (研究内) 分散は，既出の相関係数の研究内分散の推定値の (3.5) 式を，以下の式で希薄化を修正したものを算出します。

$$V_{r_{ci}} = \frac{V_{r_i}}{A_i^2} \tag{3.28}$$

　研究Aの研究内分散は，$V_{rc} = ((1 - 0.30^2)^2 \div (200 - 1)) \div (\sqrt{0.90} \times \sqrt{0.77})^2 = 0.006$ となります。

3.5.2　相関係数の重み付け平均

　重み付けされた相関係数については，以下の式で計算します。

$$\bar{r}_c = \frac{\sum W_i r_{ci}}{\sum W_i} \tag{3.29}$$

　つまり，本研究における信頼性の希薄化を修正した重み付け相関係数は次のようになります。

$$\bar{r}_c = 147.814 \div 402.134 = 0.368 \tag{3.30}$$

3.5.3　信頼区間と確信区間

　統合された相関係数の信頼区間および確信区間 (credibility interval: CV) を求めるためには，相関係数の分散を求める必要があります。なお，確信区間とは，母数が変動する区間のことであり，このアプローチによるメタ分析において，信頼区間よりも重要視されます。なお，その区間について慣習的に 80%確信区間が用いられます。

　まず，信頼区間の計算について解説します。信頼区間を計算するためには，まず分散を求める必要があります。統合された相関係数の分散は，次の式で計算されます。

$$V_{\bar{r}_c} = \frac{\sum W_i(r_{ci}-\bar{r}_c)^2}{\sum W_i} \tag{3.31}$$

　本研究のデータでは，以下のようになります。$V_{\bar{r}_c} = 4.140 \div 402.134 = 0.0103$

標準誤差は，標準偏差から計算できるので，標準偏差 (SD_{r_c}) を求めます。それぞれ，次の式を用います。

$$SD_{\bar{r}_c} = \sqrt{V_{\bar{r}_c}} \tag{3.32}$$

$$SE_{\bar{r}_c} = \frac{SD_{\bar{r}_c}}{\sqrt{k}} \tag{3.33}$$

(※ k = 研究数)

それぞれ，以下のように計算できます。

$$SD_{\bar{r}_c} = \sqrt{0.010} = 0.101$$
$$SE_{\bar{r}_c} = 0.101 \div \sqrt{5} = 0.045$$

最後に，95%信頼区間は，以下のように計算します。

$$95\%CI = 0.368 \pm 1.96 \times 0.045$$
$$信頼区間\ UL = 0.459$$
$$信頼区間\ LL = 0.279$$

確信区間を計算するには，母集団における相関係数の分散を計算する必要があります。そのために，まず，研究で重み付けられた誤差分散の平均 $(Ave(V_e))$ を算出する必要があります。誤差の平均は，以下の式で計算します。

$$Ave(V_e) = \frac{\sum W_i V_{r_{ci}}}{\sum W_i} \tag{3.34}$$

表 3.4 のデータでは，$Ave(Ve) = 3.92 \div 402.13 = 0.0097$ です。

さらに，この値を，相関係数の分散から引いた値が，母集団の分散となります。なお，真の母集団平均の分散は以下のように計算します。

$$V_\rho = \tau^2 = V_{\bar{r}_c} - Ave(V_e) \tag{3.35}$$
$$SD_\rho = \sqrt{V_\rho} \tag{3.36}$$
$$80\%CV = \bar{r}_c \pm 1.28 \times SD_\rho \tag{3.37}$$

本研究における確信区間は，以下の通り計算できます。

$$V_\rho = 0.0103 - 0.0097 = 0.0005$$
$$SD_\rho = \sqrt{0.005} = 0.023$$
$$80\%CV = 0.368 \pm 1.28 \times 0.023$$
$$確信区間\ UL = 0.400$$
$$確信区間\ LL = 0.338$$

つまり，表 3.4 のデータを用い希薄化を修正し統合した相関係数は，

$\bar{r}_c = 0.37$, $95\%CI[0.28, 0.46]$, $80\%CV[0.34, 0.40]$ となります。

3.5.4　最後に

本章で主に紹介した Hedges らの手法を用いるか，心理測定のメタ分析の手法を用いるかで，メタ分析のアプローチの方法が異なります。一般的には，どちらかの方法で進めることになりますが，研究によっては 2 種類の手法で得られた推定値を同時に示している研究もあります (例えば，Richardson, Abraham, & Bond, 2012)。Hunter 流のメタ分析の適用例については，国内の文献では岡田 (2009) が詳しいです。なお，岡田 (2009) では，本書で紹介した方法と少し異なっているので注意が必要です。本論文ではまず，重み付け相関係数が算出され，最後にプールした尺度の信頼性で相関係数の希薄化を修正する方法が用いられています。

参考文献

[1] Borenstein, M., Hedges, L. V., Higgins, J. P. T., & Rothstein, H. R. (2009). *Introduction to meta-analysis*. Chichester, UK: Wiley.

[2] Hedges, L. V., & Olkin, I. (1985). *Statistical methods for meta-analysis*.Orlando, FL: Academic Press.

[3] Kontopantelis, E., & Reeve, D. (2012). Performance of statistical methods for meta-analysis when true study effects are non-normally distributed: A comparison between DerSimonian-Laird and restricted maximum likelihood. *Statistical Methods in Medical Research, 21*, 657–659.

[4] 岡田涼 (2009). 青年期における自己愛傾向と心理的健康：メタ分析による知見の統合. 発達心理学研究, *20*, 428–436.

[5] Richardson, M., Abraham, C., & Bond, R. (2012). Psychological correlates of university students' academic performance: A systematic review and meta-analysis. *Psychological Bulletin, 138*, 353–387.

[6] Schmidt, F. L., & Hunter, J. E. (2014). *Methods of meta-analysis: Correcting error and bias in research findings* (3rd ed.). Washington DC: Sage.

[7] Silver, N. C., & Dunlap, W. P. (1987). Averaging correlation coefficients: Should Fisher's transformation be used? *Journal of Applied Psychology, 72*, 146–148.

[8] Viechtbauer, W. (2005). Bias and efficiency of meta-analytic variance estimators in the random-effect model. *Journal of Educational and Behavioral Statistics, 30*, 261–293.

[9] Viechtbauer, W. (2010). Conducting meta-analysis in R with the metaphor package. *Journal of Statistical Software, 36*, 1–48.

[10] Higgins, J. P. T., & Thompson, S. G. (2002). Qualifying heterogeneity in a meta-analysis. *Statistics in Medicine, 21*, 1539–1558.

第4章

標準化平均値差の統合

本章では，最も一般的な効果量として知られる標準化平均値差 (standardized mean difference) の統合の方法について解説します。まず，標準化平均値差の種類について述べ，続いて，固定効果モデルによる統合と変量効果モデルによる統合を紹介します。

§ 4.1　標準化平均値差

4.1.1　標準化平均値差の種類

ある1つの連続変数について，2群の平均値の違いを表す効果量は，標準化平均値差と呼ばれます[1]。標準化平均値差は，比較する2群の平均値の差を標準偏差で割ることによって求められます。標準化平均値差には，以下の4つの種類があります。

- Glass の Δ

- Hedges の g

- Hedges の $\hat{\delta}$

- Cohen の d

まず母集団における効果量 (母集団標準化平均値差) を定義し，標本から計算した効果量 (標本標準化平均値差) から母集団標準化平均値差を推定するという流れで説明をしていくことにします。母集団標準化平均値差は次式で与えられます。

$$\delta = \frac{\mu_E - \mu_C}{\sigma} \tag{4.1}$$

μ_E は，実験群 (experimental group) の母平均，μ_C は，統制群 (contol group) の母平均，そして，σ は両群に共通の母標準偏差です。この母集団標準化平均値差を，標本標準化平均値差によって推定します。標本標準化平均値差 SMD は次式で表されます[2]。

$$SMD = \frac{\bar{y}_E - \bar{y}_C}{s} \tag{4.2}$$

ここで，$\bar{y}_E$ は実験群の標本平均，$\bar{y}_C$ は統制群の標本平均です。分母の s が標本から計算される標準偏差ですが，この標準偏差をどのように求めるかによって，標本標準化平均値差は以下の式のように Glass の Δ，Hedges の g，Cohen の d の3つのいずれかになります。

$$Glass\, の\Delta = \frac{\bar{y}_E - \bar{y}_C}{s_C} \tag{4.3}$$

---

[1] 本章では，南風原 (2014) を参考に，standardized mean difference を標準化平均値差と呼ぶことにします。
[2] standardized mean difference の頭文字を取って，SMD と表記することにします。

40　第 4 章 標準化平均値差の統合

$$Hedges \text{ の } g = \frac{\bar{y}_E - \bar{y}_C}{s_p} \tag{4.4}$$

$$Cohen \text{ の } d = \frac{\bar{y}_E - \bar{y}_C}{\hat{\sigma}} \tag{4.5}$$

分母を統制群の標準偏差 s_C としたのが，Glass の Δ です。一方，分母を 2 群をプールした分散の平方根としたのが，Hedges の g です。2 群をプールした分散は以下の式で求められます。

$$s_p^2 = \frac{(n_E - 1) \times s_E^2 + (n_C - 1) \times s_C^2}{n_E + n_C - 2} \tag{4.6}$$

s_E^2 は実験群のデータから求めた不偏分散，s_C は統制群のデータから求めた不偏分散です[3]。n_E と n_C は，実験群と統制群のサンプルサイズです。Cohen の d は，分母の標準偏差として，$\hat{\sigma}^2$ の平方根を用います。$\hat{\sigma}^2$ は，2 群をプールした分散の式の分母を $n_E + n_C - 2$ ではなく，$n_E + n_C$ で割って計算されます。

$$\hat{\sigma}^2 = \frac{(n_E - 1) \times s_E^2 + (n_C - 1) \times s_C^2}{n_E + n_C} \tag{4.7}$$

Hedges(1981) は，Hedges の g に関して，母集団標準化平均値差の不偏推定量を与えるためのバイアスの修正式を提案しています。

$$\hat{\delta} = J(m) \times g \tag{4.8}$$

m は自由度 (degrees of freedom) で，$m = n_E + n_C - 2$ となります。$J(m)$ は自由度によって異なる値を取ります。$J(m)$ は以下の式で求めることができます。

$$J(m) = 1 - \frac{3}{4m - 1} \tag{4.9}$$

バイアス修正済み標準化平均値差は，次式で求められます。

$$\hat{\delta} = J(m) \times g = g \left(1 - \frac{3}{4m - 1} \right) \tag{4.10}$$

この (4.10) 式で求められる，Hedges の g のバイアスを修正した標本標準化平均値差は，Hedges の $\hat{\delta}$ と呼ばれます[4]。

4.1.2　標準化平均値差の標準誤差

前項では，4 つの種類の標準化平均値差を紹介しました。Glass の Δ，Hedges の g，Cohen の d，そして，Hedges の g のバイアスを修正した，Hedges の $\hat{\delta}$ です。これらは母集団標準化平均値差の推定値であり，標本から計算される標本統計量です。標本統計量はサンプルによって変動する確率変数であるので，標本分布とそのばらつきである標準誤差を考えることができます。

---

[3]不偏分散は，データの各値から平均を引いた偏差 $y - \bar{y}$ の 2 乗の合計を $n - 1$ で割って求めます。

[4]Hedges の g のバイアスを修正したものを，Hedges の d と呼んだり，あるいは，そのまま Hedges の g と呼ぶこともあります。本章では，Hedges の $\hat{\delta}$ と呼ぶことにします。

Hedges の $\hat{\delta}$ の分散は以下の式で表されます。

$$\sigma_{\hat{\delta}}^2 = \frac{n_E + n_C}{n_E n_C} + \frac{\delta^2}{2(n_E + n_C)} \tag{4.11}$$

この式の右辺第 2 項は未知の母数である δ を含んでいます。このため，このままではデータから直接計算することができません。そこで，δ の推定値として Hedges の $\hat{\delta}$ を用いることにします[5]。

$$\hat{\sigma}_{\hat{\delta}}^2 = \frac{n_E + n_C}{n_E n_C} + \frac{\hat{\delta}^2}{2(n_E + n_C)} \tag{4.12}$$

(4.12) 式の正の平方根が，標準誤差 $\hat{\sigma}_{\hat{\delta}}$ になります。標準誤差を用いると，信頼区間を計算することができます。母集団標準化平均値差 δ の 95%信頼区間は，

$$[\hat{\delta} - 1.96 \times \hat{\sigma}_{\hat{\delta}}, \ \hat{\delta} + 1.96 \times \hat{\sigma}_{\hat{\delta}}] \tag{4.13}$$

となります。また，$H_0 : \delta = 0$ という帰無仮説の検定は，以下の検定統計量を用いて実行できます。

$$Z = \frac{\hat{\delta} - \delta}{\hat{\sigma}_{\hat{\delta}}} \tag{4.14}$$

帰無仮説は $H_0 : \delta = 0$ ですので，(4.14) 式は下記のようになります。

$$Z = \frac{\hat{\delta}}{\hat{\sigma}_{\hat{\delta}}} \tag{4.15}$$

検定の有意水準を 5%(両側検定) とすると，検定の棄却域は $Z < -1.96, Z > 1.96$ となります。検定統計量の実現値がこの棄却域に入れば，帰無仮説を棄却します。

4.1.3 数値例

ここまでの内容について，数値例を用いて振り返ってみましょう。表 4.1 のデータを用いて 4 種類の標本標準化平均値差を計算します。

表 4.1: 標本標準化平均値差の計算例

	平均 $\bar{y}$	不偏分散 s^2	サンプルサイズ n
実験群 E	11.00	5.71	8
統制群 C	8.50	4.86	8

$$Glass \ \mathcal{O} \Delta = \frac{\bar{y}_E - \bar{y}_C}{s_C} = \frac{11.00 - 8.50}{\sqrt{4.86}} = \frac{2.50}{2.20} = 1.13 \tag{4.16}$$

---

[5] δ の推定値として Hedges の g を用いることもできます。その場合，まず (4.11) 式の δ の推定値として g を用いて，その後，バイアス修正項の 2 乗 $J(m)^2$ を掛けるという計算手順を取ります。

42 第 4 章 標準化平均値差の統合

Glass の Δ は 1.13 と求められました。Hedges の g を計算するために，2 群をプールした分散 s_p^2 を求めます。

$$s_p^2 = \frac{(n_E - 1) \times s_E^2 + (n_C - 1) \times s_C^2}{n_E + n_C - 2} = \frac{(8 - 1) \times 4.86 + (8 - 1) \times 5.71}{8 + 8 - 2} = 5.29 \tag{4.17}$$

$$Hedges \ \text{の} \ g = \frac{\bar{y}_E - \bar{y}_C}{s_p} = \frac{11.00 - 8.50}{\sqrt{5.29}} = \frac{2.50}{2.30} = 1.09 \tag{4.18}$$

Hedges の g は 1.09 と求められました。続いて，Cohen の d を計算するために，$\hat{\sigma}^2$ を求めます。

$$\hat{\sigma}^2 = \frac{(n_E - 1) \times s_E^2 + (n_C - 1) \times s_C^2}{n_E + n_C} = \frac{(8 - 1) \times 4.86 + (8 - 1) \times 5.71}{8 + 8} = 4.63 \tag{4.19}$$

$$Cohen \ \text{の} \ d = \frac{\bar{y}_E - \bar{y}_C}{\hat{\sigma}} = \frac{11.00 - 8.50}{\sqrt{4.63}} = \frac{2.50}{2.15} = 1.16 \tag{4.20}$$

Cohen の d は 1.16 と求められました。最後に，Hedges の $\hat{\delta}$ を求めます。

$$\begin{aligned} \hat{\delta} = J(m) \times g = g\left(1 - \frac{3}{4m - 1}\right) &= 1.09 \times \left(1 - \frac{3}{4(8 + 8 - 2) - 1}\right) \\ &= 1.09 \times 0.9454 = 1.03 \end{aligned} \tag{4.21}$$

Hedges の $\hat{\delta}$ は 1.03 と求められました。この Hedges の $\hat{\delta}$ について標準誤差を求めてみます。まず，Hedges の $\hat{\delta}$ の分散 $V_{\hat{\delta}}$ を計算すると，

$$V_{\hat{\delta}} = \sigma_{\hat{\delta}}^2 = \frac{n_E + n_C}{n_E n_C} + \frac{\hat{\delta}^2}{2(n_E + n_C)} = \frac{8 + 8}{8 \times 8} + \frac{1.03^2}{2(8 + 8)} = 0.283 \tag{4.22}$$

と求まります。Hedges の $\hat{\delta}$ の標準誤差 $\sigma_{\hat{\delta}}$ を求めると，

$$\sigma_{\hat{\delta}} = \sqrt{0.283} = 0.532 \tag{4.23}$$

となります。標準誤差を用いて，母集団標準化平均値差 δ の 95%信頼区間を計算すると，

$$\begin{aligned} [\hat{\delta} - 1.96 \times \hat{\sigma}_{\hat{\delta}}, \ \hat{\delta} + 1.96 \times \hat{\sigma}_{\hat{\delta}}] &= [1.03 - 1.96 \times 0.532, \ 1.03 + 1.96 \times 0.532] \\ &= [-0.013, \ 2.073] \end{aligned} \tag{4.24}$$

となります。$H_0 : \delta = 0$ という帰無仮説の検定を行うために，検定統計量の実現値を計算します。

$$Z = \frac{\hat{\delta} - \delta}{\hat{\sigma}_{\hat{\delta}}} = \frac{\hat{\delta} - 0}{\hat{\sigma}_{\hat{\delta}}} = \frac{1.03}{0.532} = 1.936 \tag{4.25}$$

検定の有意水準を 5%(両側検定) とすると，検定の棄却域は $Z < -1.96$, $Z > 1.96$ となります。検定統計量の実現値 $Z = 1.936$ は棄却域に入らないので，帰無仮説は棄却されません。

§ 4.2 固定効果モデルと変量効果モデル

複数の研究のそれぞれについて，標本標準化平均値差とその標準誤差が計算できたら，それらの統合を行います。このために，固定効果モデル (fixed effects model) と変量効果モデル (random effects model) を用いることができます[6]。

4.2.1 固定効果モデル

固定効果モデルでは，効果量[7]の推定値の変動は，標本誤差 (sampling error) によってのみ説明されます。個々の研究における効果量は，既知の定数である真の効果量を持つ母集団から抽出された標本に基づいて計算され，その際，標本抽出による誤差を伴うものと考えます。図 4.1 は，固定効果モデルの概念図[8]です。研究 1(Study 1) と研究 2(Study 2) はともに，共通の母集団効果量 θ を持ちます。●で示されたのが，共通の母集団効果量です。図 4.1 で一番下のところを見ると，$\theta = 100$ という値を読み取ることができます。各研究で得られる効果量の推定値は■で表されています。●と■が一致しないのは標本誤差のためです。研究 1 の方が研究 2 に比べて標本分布の分散が大きいため ($V_1 > V_2$)，それぞれの分布における相対的な平均からの隔たりは同程度でも，●と■のズレの絶対値は研究 1 の方が大きくなっていることが図から確認できます。研究 1 では効果量の推定値は $T_1 = 99$ であり，研究 2 では効果量の推定値は $T_2 = 100.7$ と読み取ることができます[9]。しかし，どちらの研究も共通の母集団効果量の θ を持つのは同じです。研究ごとに標本効果量の値が異なるのは，標本誤差のためです。標本効果量は，$T_i = \theta + e_i$ と表せます。e_i が標本誤差を表します。

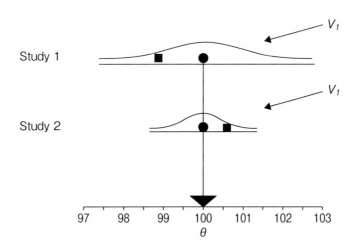

図 4.1: 固定効果モデルの概念図

---

[6]固定効果モデル，変量効果モデルの他に，混合効果モデル (mixed effects model) もありますが，本書では取り上げません。
[7]ここで効果量とは，標準化平均値差を意味します。
[8]この図は，Borenstein et al. (2010) から引用したものです。
[9]ここでは標本効果量を T と表記することにします。

4.2.2 変量効果モデル

変量効果モデルでは,効果量の推定値の変動は標本抽出による誤差だけでなく,母集団効果量それ自体が持つ変動によっても説明されます。固定効果モデルでは,母集団効果量はすべての研究に共通な固定された定数でした。変量効果モデルでは,母集団効果量は1つの固定された値ではなく,それ自体が変動すると仮定されます。図 4.2 は,変量効果モデルの概念図[10]です。図 4.2 の一番下を見ると,母集団効果量 θ の分布が描かれています。θ は,平均 μ を中心にばらつき τ^2 を持って分布します[11]。つまり,研究ごとに母集団効果量は異なる値を持つということです。母集団効果量の平均は μ です。研究1(Study 1)では,母集団効果量として $\theta_1 = 99.4$ が抽出されます。さらに,標本効果量 T_1 は,母集団効果量 θ_1 を中心に分散 V_1 のばらつきを持って分布します。■が標本効果量の推定値ですが ($T_1 = 98.4$),標本誤差により,●で示される母集団効果量 θ_1 とは完全には一致しません[12]。研究2(Study 2) についても,同様に考えることができます。母集団効果量 θ_2 としてが抽出されます。標本効果量 T_2 は,母集団効果量 θ_2 を中心に分散 V_2 のばらつきを持って分布します。■が標本効果量の推定値ですが ($T_2 = 101.3$),標本誤差により,●で示される母集団効果量 θ_2 とは完全には一致しません[13]。研究ごとに効果量の値が異なるのは,標本誤差と母集団効果量のばらつきのためです。標本効果量は,$T_i = \mu + \xi_i + e_i$ と表せます。$\xi_i = \theta_i - \mu$[14] であり,e_i が標本誤差を表しています。

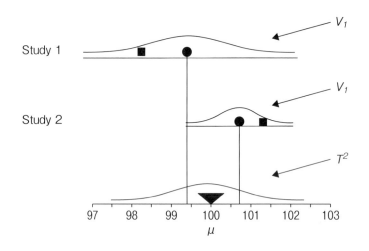

図 4.2: 変量効果モデルの概念図

これまで述べてきたように,変量効果モデルでは,単一の母集団効果量を想定するのではなく,母集団効果量がさまざまな値をとり,分布を形成すると考えます。この母集団効果量の分布は,超母集団 (superpopulation) と呼ばれます。どのモデルを選ぶかにかよって,標準誤差の値が変わります。標本のサンプリングによるばらつきに超母集団からの母集団効果量のサンプリングに伴う

---

[10] この図は,Borenstein et al. (2010) から引用したものです。
[11] τ^2 は,θ の母集団分布の分散を表します。
[12] $T_1 - \theta_1 = 98.2 - 99.4 = -1.2$ のズレを持ちます。
[13] $T_2 - \theta_2 = 101.3 - 100.7 = 0.6$ のズレを持ちます。
[14] 抽出された母集団効果量 θ_i と母集団効果量の平均 μ の差を表します。

ばらつきが加わるため，固定効果モデルよりも変量効果モデルの方が標準誤差の値が大きくなります。

4.2.3 固定効果モデルか変量効果モデルか

固定効果モデル，変量効果モデルはどのように使い分けることができるでしょうか。同じ尺度を用いていたり，研究デザインが類似している研究をメタ分析により統合する場合は，固定効果モデルを用いるのが妥当であると言えるでしょう。しかし，心理学研究においてはこうした前提は適切ではなく，変量効果モデルを用いる方が自然であると考えられます。

Borensten et al. (2010) は，以下の 2 つの条件を満たす場合は，固定効果モデルを用いるのが適当であると述べています。

1. すべての研究が機能的に同等であるとみなせる正当な理由がある。

2. メタ分析の対象となった研究に共通の効果量を推定することが目的である。

§4.3 標準化平均値差の統合

標準化平均値差 [15] の統合の手順は以下の通りです。

1. 研究ごとに，標本標準化平均値差 T_i とその分散 v_i を計算する。

2. 各研究について重み w_i を計算する。重みは分散 v_i の逆数として定義する。

3. 標準化平均値差の重み付け平均 $\overline{T}.$ とその分散 $v.$ を求める。

4. 3 で求めた標準化平均値差の平均とその分散を用いて，検定を実行したり，信頼区間を求めたりする。

5. Q 統計量を計算し，標準化平均値差の等質性の検定を行う。各研究の標準化平均値差が共通の母集団標準化平均値差 θ を反映したものになっているかを検討する。

以降では，固定効果モデルによる統合と変量効果モデルによる統合をそれぞれ紹介します。しかし，どちらのモデルについても，基本的な手順は同様です。

5 の Q 統計量を用いた検定により，固定効果モデルと変量効果モデルのどちらが仮定されるかを確認します。この検定の帰無仮説は，H_0 : 効果量が等質である というものです。つまり，メタ分析の対象となる研究から計算される標本標準化平均値差は，1 つの母集団標準化平均値差を推定するものであり，標本標準化平均値差の違いは，標本抽出による誤差のみによるということです。Q 統計量の検定で帰無仮説が棄却されなかったら，標準化平均値差を統合する際，固定効果モデルを仮定することができます。もし，帰無仮説が棄却されたら，母集団標準化平均値差は単一の値ではなく，研究ごとに異なる値を取ると考えます。つまり，変量効果モデルを用いた標準化平均値差の統合を行います。あるいは，標本標準化平均値差の変動を，研究や標本の特徴を用いて説明しようと試みることもできます。

---

[15]ここでは，標準化平均値差として Hedges の $\hat{\delta}$ を用いることとします。

46　　第 4 章 標準化平均値差の統合

4.3.1　固定効果モデルによる標準化平均値差の統合

　まずは，固定効果モデルによる標準化平均値差の統合について紹介します。各研究の標準化平均値差の推定値とその分散を計算します。

$$Hedges\ \mathcal{O}\ g = \frac{\bar{y}_E - \bar{y}_C}{s_p} \tag{4.26}$$

$$Hedges\ \mathcal{O}\ \hat{\delta} = J(m) \times g = g\left(1 - \frac{3}{4m-1}\right) \tag{4.27}$$

$$v = \sigma_{\hat{\delta}}^2 = \frac{n_E + n_C}{n_E n_C} + \frac{\delta^2}{2(n_E + n_C)} \tag{4.28}$$

各研究の重み w_i を，分散 v_i の逆数として定義します [16]。

$$w_i = \frac{1}{v_i} \tag{4.29}$$

この重み w_i を用いて，k 個の研究について，標準化平均値差の重み付け平均を計算します。

$$\overline{T}. = \frac{\sum_{i=1}^{k} w_i T_i}{\sum_{i=1}^{k} w_i} \tag{4.30}$$

　各研究について求めた Hedges の $\hat{\delta}_i$ に重み w_i を掛けたものを足し加えます [17]。それを重み w_i の和で割ると，重み付け平均 $\overline{T}.$ を求めることができます。

　分散の逆数を重みとしているので，分散が大きいほど研究に対する重みは小さくなります。分散の大きさはサンプルサイズの逆数に比例するので，サンプルサイズが大きいほど分散は小さくなります。分散が小さいほど推定値の精度が良いということになるので，小さい分散に大きな重みを与えるというのは妥当な考えといえるでしょう。標準化平均値差の重み付け平均の分散は次式で与えられます。

$$v. = \frac{1}{\sum_{i=1}^{k} \left(\frac{1}{v_i}\right)} = \frac{1}{\sum_{i=1}^{k} w_i} \tag{4.31}$$

　重み付け平均 $\overline{T}.$ の分散の正の平方根 $\sqrt{v.}$ が，標準誤差です。この標準誤差を用いて，母集団標準化平均値差 θ の信頼区間を計算することができます。例えば，母集団標準化平均値差 θ の 95% 信頼区間は，

$$\left[\overline{T}. - 1.96\sqrt{v.},\ \overline{T}. + 1.96\sqrt{v.}\right] \tag{4.32}$$

---

[16] v_i は (4.28) 式の分散 v を各研究について計算したものです。研究 i の標準化平均値差の分散を v_i と表します。
[17] (4.30) 式の T_i は $\hat{\delta}_i$ と読み替えることができます。

と求められます。また，次式の検定統計量を用いて，帰無仮説 $H_0 : \theta = 0$ (母集団標準化平均値差は 0 である) の検定を行うことができます。

$$Z = \frac{\overline{T}.}{\sqrt{\overline{v}.}} \tag{4.33}$$

固定効果モデルの仮定が適切かどうかを，Q 統計量を用いた検定により検討します。この検定の帰無仮説は，$H_0 : \theta_1 = \theta_2 = \cdots = \theta$ (母集団標準化平均値差が等質である) となります。あるいは，$H_0 : \sigma_\theta^2 = \tau^2 = 0$ と表すこともできます。ここで $\sigma_\theta^2 = \tau^2$ を研究間分散 (between-studies variability) と呼びます。固定効果モデルで仮定される標本抽出による誤差を $\sigma_T^2 = v_i$ とし，これを研究内分散 (within-study variability) と呼びます。Q 統計量は次式により求められます。

$$Q = \sum_{i=1}^{k} \left[\frac{(T_i - \overline{T}.)^2}{v_i} \right] \tag{4.34}$$

$$Q = \sum_{i=1}^{k} w_i T_i^2 - \frac{\left(\sum_{i=1}^{k} w_i T_i \right)^2}{\sum_{i=1}^{k} w_i} \tag{4.35}$$

どちらの式を用いても同じ結果が得られます。この検定統計量は帰無仮説のもとで，自由度 $df = k - 1$ の χ^2 分布に従います。帰無仮説が棄却された場合，母集団標準化平均値差が等質であるという固定効果モデルの前提は満たされないことになります。この場合，変量効果モデルを用いるか，標準化平均値差のばらつきを説明するために，研究の特徴を調整変数として利用した分析を行います。

4.3.2 変量効果モデルによる標準化平均値差の統合

変量効果モデルでは，各研究の標準化平均値差の分散を以下のように定義します。

$$v_i^* = \sigma_\theta^2 + v_i \tag{4.36}$$

v_i は固定効果モデルにおける標準化平均値差の分散です。σ_θ^2 は母集団標準化平均値差の分散で，研究間分散と呼ばれます。変量効果モデルでは σ_θ^2 を推定し，新たに求めた v_i^* を用いて，標準化平均値差の重み付け平均とその分散を計算します。研究間分散 σ_θ^2 は次式を用いて推定します[18]。

$$\hat{\sigma}_\theta^2 = s_T^2 - \frac{1}{k} \sum_{i=1}^{k} v_i \tag{4.37}$$

ここで，s_T^2 は次式で求められます。

$$s_T^2 = \frac{\sum_{i=1}^{k} (T_i - \overline{T})^2}{k - 1} \tag{4.38}$$

---

[18]研究間分散 σ_θ^2 を推定する方法は，ここで紹介したもの以外にもいくつかの方法があります。例えば，南風原 (2014) では 4.34 式の Q 統計量を用いて計算する方法を紹介しています。

$\overline{T}$ は，標準化平均値差の単純な平均です。s_T^2 は k 個の研究の標本標準化平均値差 T_i について不偏分散を計算していることになります。$\frac{1}{k}\sum_{i=1}^{k} v_i$ は，k 個の研究の標本標準化平均値差の分散 v_i を足し加えてその数 k で割っているので，分散の単純平均を求めていることになります。研究間分散の推定値 $\hat{\sigma}_\theta^2$ を求めたら，標準化平均値差の分散の値を更新します。

$$v_i^* = \hat{\sigma}_\theta^2 + v_i \tag{4.39}$$

それから先は，固定効果モデルと同様です。各研究の重み w_i^* を，分散 v_i^* の逆数として定義します。

$$w_i^* = \frac{1}{v_i^*} \tag{4.40}$$

この更新した重みを用いて，k 個の研究について，標準化平均値差の重み付け平均を計算します。

$$\overline{T}. = \frac{\sum_{i=1}^{k} w_i^* T_i}{\sum_{i=1}^{k} w_i^*} \tag{4.41}$$

標準化平均値差の重み付け平均の分散は次式で求められます。

$$v_.^* = \frac{1}{\displaystyle\sum_{i=1}^{k}\left(\frac{1}{v_i^*}\right)} = \frac{1}{\displaystyle\sum_{i=1}^{k} w_i^*} \tag{4.42}$$

標準化平均値差の重み付け平均 $\overline{T}.$ の分散の正の平方根 $\sqrt{v_.^*}$ が標準誤差です。この標準誤差を用いて，標準化平均値差の母平均について信頼区間を計算することができます。変量効果モデルでは，母集団における標準化平均値差 θ は固定された値ではなく，それ自体がばらつきを持って分布すると考えます。その θ の分布の平均を μ_θ とします。例えば，標準化平均値差の母平均 μ_θ の95%信頼区間は次のように求められます。

$$\left[\overline{T}. - 1.96\sqrt{v_.^*},\ \overline{T}. + 1.96\sqrt{v_.^*}\right] \tag{4.43}$$

また，次式の検定統計量を用いて，帰無仮説 $H_0 : \mu_\theta = 0$ (標準化平均値差の母平均は 0 である) の検定を行うことができます。

$$Z = \frac{\overline{T}.}{\sqrt{v_.^*}} \tag{4.44}$$

§ 4.4　数値例

表 4.2 のデータ [19] を用いて，固定効果モデルと変量効果モデルによる標準化平均値差の統合の方法を紹介します。

---

[19]このデータは，Hedges and Olkin (1985) より引用しました。

4.4.1 固定効果モデルによる標準化平均値差の統合

表 4.2 を見ると，標準化平均値差としては Hedges の $\hat{\delta}$ が示されています。それぞれの標準化平均値差について，その分散が与えられています。各研究の重み w_i を，分散 v_i の逆数として求めます。例えば，研究 1 については次のように求められます。

$$w_i = \frac{1}{v_i} = \frac{1}{0.0504} = 19.8413 \tag{4.45}$$

表 4.2: 標本標準化平均値差とその分散

研究	Hedges の $\hat{\delta}_i$	v_i
1	-0.254	0.0504
2	0.261	0.0504
3	-0.043	0.0222
4	0.649	0.0526
5	0.503	0.0341
6	0.458	0.0349
7	0.577	0.0323
8	0.158	0.0149
9	0.588	0.0366
10	0.392	0.0377
11	-0.055	0.0935

同様にすべての研究について重みを計算すると，表 4.3 のようになります。標準化平均値差の重み付け平均を計算するため，重み w_i と標本標準化平均値差 T_i を掛けた $w_i T_i$ の計算結果も載せておきます。

11 個の研究について，標準化平均値差の重み付け平均を計算します。

$$\overline{T}. = \frac{\displaystyle\sum_{i=1}^{k} w_i T_i}{\displaystyle\sum_{i=1}^{k} w_i} = \frac{-5.0397 + 5.1786 + \cdots + (-0.5882)}{19.8413 + 19.8413 + \cdots + 10.6952} = \frac{92.7847}{324.2367} = 0.286 \tag{4.46}$$

標準化平均値差の重み付け平均の分散は次式で与えられます。

$$v. = \frac{1}{\displaystyle\sum_{i=1}^{k}\left(\frac{1}{v_i}\right)} = \frac{1}{\displaystyle\sum_{i=1}^{k} w_i} = \frac{1}{324.2367} = 0.003 \tag{4.47}$$

標準誤差は，$\sqrt{v.} = \sqrt{0.003} = 0.0555$ と求められます。これより，母集団標準化平均値差 θ の 95%信頼区間を計算すると次式のよう求められます。

$$\begin{aligned}
\left[\overline{T}. - 1.96\sqrt{v.},\ \overline{T}. + 1.96\sqrt{v.}\right] &= [0.2860 - 1.96 \times 0.0555,\ 0.2860 + 1.96 \times 0.0555] \\
&= [0.177, 0.395]
\end{aligned} \tag{4.48}$$

50   第 4 章 標準化平均値差の統合

表 4.3: 標準化平均値差の統合 (固定効果モデル)

研究	標準化平均値差 T_i	分散 v_i	重み w_i	$w_i T_i$
1	-0.254	0.0504	19.8413	-5.0397
2	0.261	0.0504	19.8413	5.1786
3	-0.043	0.0222	45.0450	-1.9369
4	0.649	0.0526	19.0114	12.3384
5	0.503	0.0341	29.3255	14.7507
6	0.458	0.0349	28.6533	13.1232
7	0.577	0.0323	30.9598	17.8638
8	0.158	0.0149	67.1141	10.6040
9	0.588	0.0366	27.3224	16.0656
10	0.392	0.0377	26.5252	10.3979
11	-0.055	0.0935	10.6952	-0.5882
		合計	324.2367	92.7847

帰無仮説 $H_0 : \theta = 0$ (母集団標準化平均値差は 0 である) の検定を行うには,

$$Z = \frac{\overline{T}.}{\sqrt{v.}} = \frac{0.286}{0.0555} = 5.153 \tag{4.49}$$

この検定統計量の実現値を用います. 有意水準を 5%とすると, 棄却域は $Z < -1.96, Z > 1.96$ となります. 検定統計量の実現値 $Z = 5.153$ は棄却域に入るので, 帰無仮説は棄却されます.

標準化平均値差の等質性を確認するため, Q 統計量を用いた検定を行います. Q 統計量は次式により求められます.

$$Q = \sum_{i=1}^{k} \left[\frac{(T_i - \overline{T}.)^2}{v_i} \right] \tag{4.50}$$

研究 1 について, $\frac{(T_i - \overline{T}.)^2}{v_i}$ を計算してみると以下のようになります.

$$\frac{(T_i - \overline{T}.)^2}{v_i} = \frac{(-0.254 - 0.286)^2}{0.0504} = 5.788 \tag{4.51}$$

他の研究についても同様に計算して, それらをすべて合計すると Q を求めることができます.

$$Q = \sum_{i=1}^{k} \left[\frac{(T_i - \overline{T}.)^2}{v_i} \right] = 5.788 + 0.012 + \cdots + 1.244 = 23.16 \tag{4.52}$$

この検定統計量 Q は, 帰無仮説 $H_0 : \sigma_\theta^2 = \tau^2 = 0$ のもとで, 自由度 $df = k - 1 = 11 - 1 = 10$ の χ^2 分布に従います. 有意水準を $\alpha = 0.05$ とすると, 棄却域は, $\chi^2(10) > 18.31$ となります. 検定統計量の実現値 $Q = 23.16$ が棄却域に入るので, 帰無仮説は棄却されます. よって, 標準化平均値差は等質とはいえず, 固定効果モデルよりも変量効果モデルを用いるべきであることが示唆されました.

4.4.2 変量効果モデルによる標準化平均値差の統合

変量効果モデルによる標準化平均値差の統合を行います。このため，研究間分散の推定値 $\hat{\sigma}_\theta^2$ を計算し，標準化平均値差の分散を次式のように更新します。

$$v_i^* = \hat{\sigma}_\theta^2 + v_i \tag{4.53}$$

研究間分散の推定値 $\hat{\sigma}_\theta^2$ は次式で計算できます。

$$\hat{\sigma}_\theta^2 = s_T^2 - \frac{1}{k}\sum_{i=1}^{k} v_i \tag{4.54}$$

s_T^2 は k 個の標本標準化平均値差から計算される不偏分散です。標準化平均値差の単純な平均 $\overline{T}$ を計算します。

$$\overline{T} = \frac{-0.254 + 0.261 + \cdots - 0.055}{11} = 0.294 \tag{4.55}$$

$$s_T^2 = \frac{\displaystyle\sum_{i=1}^{k}(T_i - \overline{T})^2}{k-1} = \frac{(-0.254 - 0.294)^2 + \cdots + (-0.055 - 0.294)^2}{11 - 1} = 0.0928 \tag{4.56}$$

$$\frac{1}{k}\sum_{i=1}^{k} v_i = \frac{0.0504 + 0.0504 + \cdots + 0.0935}{11} = 0.0418 \tag{4.57}$$

$$\hat{\sigma}_\theta^2 = s_T^2 - \frac{1}{k}\sum_{i=1}^{k} v_i = 0.0928 - 0.0418 = 0.051 \tag{4.58}$$

研究間分散の推定値 $\hat{\sigma}_\theta^2$ が求められたので，標準化平均値差の分散の値を更新します。例えば，研究 1 の標準化平均値差の分散は，

$$v_1^* = \hat{\sigma}_\theta^2 + v_1 = 0.0504 + 0.051 = 0.1014 \tag{4.59}$$

と計算されます。研究 1 の重み w_1^* を，分散 v_1^* の逆数として定義します。

$$w_1^* = \frac{1}{v_1^*} = \frac{1}{0.1014} = 9.86 \tag{4.60}$$

同様にすべての研究について新しい重み w_i^* を計算すると，表 4.4 のようになります。標準化平均値差の重み付け平均を計算するため，重み w_i^* と標本標準化平均値差 T_i を掛けた $w_i^* T_i$ の計算結果も載せておきます。

11 個の研究について，標準化平均値差の重み付け平均を計算します。

$$\overline{T}. = \frac{\displaystyle\sum_{i=1}^{k} w_i^* T_i}{\displaystyle\sum_{i=1}^{k} w_i^*} = \frac{-2.5044 + 2.5729 + \cdots - 0.3805}{9.8600 + 9.8578 + \cdots + 6.9190} = \frac{37.0623}{123.1943} = 0.301 \tag{4.61}$$

52   第 4 章 標準化平均値差の統合

表 4.4: 標準化平均値差の統合 (変量効果モデル)

研究	効果量 T_i	分散 v_i	分散 v_i^*	重み w_i^*	$w_i^* T_i$
1	-0.254	0.0504	0.1014	9.8600	-2.5044
2	0.261	0.0504	0.1014	9.8578	2.5729
3	-0.043	0.0222	0.0732	13.6530	-0.5871
4	0.649	0.0526	0.1036	9.6479	6.2615
5	0.503	0.0341	0.0851	11.7549	5.9127
6	0.458	0.0349	0.0860	11.6338	5.3283
7	0.577	0.0323	0.0833	12.0091	6.9292
8	0.158	0.0149	0.0659	15.1646	2.3960
9	0.588	0.0366	0.0876	11.4167	6.7130
10	0.392	0.0377	0.0887	11.2776	4.4208
11	-0.055	0.0935	0.1445	6.9190	-0.3805
			合計	123.1943	37.0623

標準化平均値差の重み付け平均の分散は次式で求められます。

$$v_{\cdot}^* = \frac{1}{\sum_{i=1}^{k} \left(\frac{1}{v_i^*} \right)} = \frac{1}{\sum_{i=1}^{k} w_i^*} = \frac{1}{123.1943} = 0.008 \tag{4.62}$$

標準誤差は, $\sqrt{v_{\cdot}^*} = \sqrt{0.008} = 0.089$ です。標準化平均値差の母平均 μ_θ について 95% 信頼区間を計算することができます。

$$\begin{aligned} \left[\overline{T}. - 1.96\sqrt{v_{\cdot}^*}, \ \overline{T}. + 1.96\sqrt{v_{\cdot}^*} \right] &= [0.301 - 1.96 \times 0.089, \ 0.301 + 1.96 \times 0.089] \\ &= [0.127, 0.474] \end{aligned} \tag{4.63}$$

次式の検定統計量を用いて, 帰無仮説 $H_0 : \mu_\theta = 0$ (標準化平均値差の母平均は 0 である) の検定を行うことができます。

$$Z = \frac{\overline{T}.}{\sqrt{v_{\cdot}^*}} = \frac{0.301}{0.089} = 3.382 \tag{4.64}$$

有意水準を 5% とすると, 棄却域は $Z < -1.96, \ Z > 1.96$ となります。検定統計量の実現値 $Z = 3.382$ は棄却域に入るので, 帰無仮説は棄却されます。

参考文献

[1] Borenstein, M., Hedges, L. V., Higgins, J. P. T., & Rothstein, H. R. (2010). A basic introduction to fixed-effect and random-effects models for meta-analysis. *Research Synthesis Methods, 1*, 97–111.

[2] 南風原朝和 (2014). 続・心理統計学の基礎－統合的理解を広げ深める. 有斐閣.

[3] Hedges, L. V. (1981). Distribution theory for Glass's estimator of effect size and related estimators. *Journal of Educational Statistics, 6*, 107–128.

[4] Hedges, L. V., & Olkin, I. (1985). *Statistical methods for meta-analysis*. Orlando, FL: Academic Press.

第5章

構造方程式モデリングを用いたメタ分析

本章では，複数の研究から得られた変数間の相関情報を，構造方程式モデリング (structural equation modeling: SEM) を用いて統合するメタ分析である，MASEM (Meta-Analytic SEM: Cheung, 2015a; Cheung & Chan, 2005; Jak, 2015; Viswesvaran & Ones, 1995) について解説します。まず，SEM の基本的な考え方やモデル表現について説明し，そのあとに MASEM の手続きと実行例を示していきます。

§5.1 構造方程式モデリング (SEM) の概要

5.1.1 基本的な考え方

構造方程式モデリング (SEM: Joreskog, 1969, 1970) は，多変量解析のための統計手法群の1つです。SEM を用いることで，さまざまな統計モデルを統一的な枠組みから表現でき，分析のためのモデルを柔軟に設定できることが最大の利点です。SEM で表現できる下位モデルとしては，具体的に，回帰分析モデルや因子分析モデル，他にもパス分析のためのモデル (例えば，後述する媒介モデル) など非常に多くのものが挙げられます。ここで挙げた下位モデルは，必ずしも SEM を知らなくとも実行ができるものです。しかし，SEM は下位モデルの単なる寄せ集めではなく，例えば後述するような，因子分析モデルとパス分析のためのモデルを組み合わせたモデルなど，より複雑かつ応用的な価値の高いモデルを表現し実行することができます。このように，SEM は特定の統計モデルを指す用語ではなく，さまざまな統計モデルを表現するための枠組みそのものといえます。

SEM では，このような柔軟なモデル表現力を活用しながら，データとして得られた変数間の関係性や変化などを説明・予測するためのモデルを分析者が設定します。そして，設定したモデルの適切性を評価したり，また必要に応じてモデルを再構築し，再度モデルを検証・比較する作業を繰り返していきます。ここで，「モデルを設定する」ということは，暗に，モデル内に含まれる母数を用いて，データの分散・共分散を表現する，共分散構造 (covariance structure) を設定することを意味します[1]。本章では，モデル内の母数をまとめて Θ と表現し，共分散構造を，Θ の関数として $\Sigma(\Theta)$ で表現します。一方，データが得られれば，変数の分散や共分散についての情報をまとめた標本共分散行列が計算できます。いま，標本共分散行列を $\mathbf{S}$ と表現します。SEM では，モデルで表現される共分散構造 $\Sigma(\Theta)$ が，実際に観測されたデータである標本共分散行列 $\mathbf{S}$ をなるべく正確に表現 (近似) できるように，モデル内の母数 Θ を推定します。このことを図 5.1

---

[1]SEM では，共分散構造だけではなく，データの平均を表現する平均構造 (mean structure) についても設定することが多くありますが，例えば回帰分析における回帰係数や因子分析モデルにおける因子負荷など，とりわけ変数間の関係性の有無や強弱について興味がある場合は，共分散構造のみを考えて平均構造については無視します。本章でも，複数の変数間の相関情報をまとめた相関行列についてのメタ分析を考えますので，このような状況を念頭に置いて説明していきます。

に示しています。

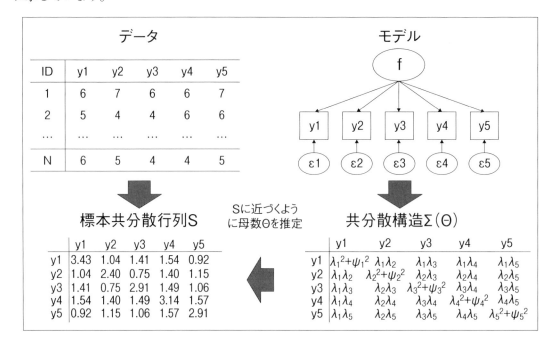

図 5.1: SEM のイメージ図

また，仮に，変数の分散・共分散の情報が得られなかったとしても，変数間の相関情報をまとめた標本相関行列 $\mathbf{R}$ があれば，同様の手続きによって，モデル内の母数 Θ を推定できます[2]。

SEM の実行の際は，研究仮説を明確にしながら，それを適切に表現するためのモデルを設定することが重要です。また，推定結果からモデルの適切性を評価する際も，候補として考えられうる別の統計モデルの存在も踏まえながら慎重に吟味していく姿勢が必要です。これらモデルの設定・推定・評価等に関する，SEM についてのより網羅的な解説としては，豊田 (1998, 2014) を参照してください。また，宇佐美・荘島 (2015) にも，SEM の考え方についての要約的な解説があります。以下では，SEM で表現できるいくつかの統計モデルについて簡単に紹介していきます。

5.1.2 下位モデルの例

SEM で表現できる統計モデルの1つに，心理学研究において広く利用されている因子分析モデルがあります。因子分析は，複数の変数間の相関関係を，少数個の因子によって縮約的に表現する統計モデルです。例えば，精神的健康度 (mental health) を測定するための心理尺度を作成するために，いくつかの質問項目 (例として，「毎日が楽しい」，「物事に集中できない」など[3]) を設定したとします。そして，それへの実際の回答結果をもとに，その尺度が精神的健康度という単一の構成概念についての個人差を反映する測度として適切に機能しているかどうかを吟味するため

---

[2]この場合の母数の解は，特に標準化解と呼びます。
[3]心理学研究では，精神的健康度を測定するためのさまざまな尺度が国内外で開発されていますが，ここでは，Radloff(1977) 内の尺度を例にして挙げました。

に因子分析モデルが利用できます。もし仮に，特定の項目が，実は精神的健康度ではないまったく別の意味内容を反映しているとすれば，その尺度を利用することの適切性は大きく損なわれるでしょう。そのため，因子分析モデルは，尺度の一次元性という観点から，その妥当性 (validity) を評価するうえで役立つ統計モデルともいえます。

因子分析モデルは，数理的には，回帰分析モデルにおける独立変数に関して，観測変数の代わりに潜在変数である (共通) 因子 f によって従属変数 y の大きさを説明する統計モデルと考えることができます。具体的に，1つの因子を仮定した一因子分析モデルは次のように表現することができます。

$$y_{jp} = \alpha_p + \lambda_p f_j + \epsilon_{jp} \tag{5.1}$$

ここで，y_{jp} は対象 (個人)j の変数 p に関する測定値であり，f_j は対象 j における精神的健康度の高さを反映する因子得点です。α_p は切片であり，また λ_p は f_j に係る因子負荷です。ϵ_{jp} は因子では説明できない残差であり，特に因子分析モデルでは独自因子と呼ばれます。因子分析モデルを視覚的に表現したパス図を図 5.2(a) に示しています。因子は仮説的に導入した潜在的な量ですので，その平均や分散の大きさは任意に設定できます。ここで，因子の分散は 1 に固定したとすると，y_{jp} の分散 ($var(y_{jp})$) および，他の変数 (p') との共分散 ($cov(y_{jp}, y_{jp'})$) は，残差 (独自因子) と因子および残差間の無相関性の仮定から，それぞれ，次のように表現できます。

$$var(y_{jp}) = \lambda_p^2 + \psi_p^2 \tag{5.2}$$
$$cov(y_{jp}, y_{jp'}) = \lambda_p \lambda_{p'} \tag{5.3}$$

ここで，$\psi_p^2 = var(\epsilon_{jp})$ は独自因子の分散 (独自分散) です。この結果は，一因子分析モデルで表現される共分散構造 $\Sigma(\Theta)$ を示しています。図 5.1 では具体的に，変数の数が 5 つの場合の，共分散構造の中身を示しています。図 5.1 からもわかるように，共分散構造に含まれる因子負荷 (λ_p) や独自分散 (ψ_p^2) が因子分析モデル内の母数 Θ です。上述のように，SEM では，モデルにより構成された共分散構造 $\Sigma(\Theta)$ が，データの標本共分散行列 $\mathbf{S}$ をなるべく正確に表現 (近似) できるように，因子分析モデル内の母数である因子負荷や独自分散が推定されます。

SEM の利点はその柔軟なモデル表現力にありますので，他の下位モデルも見てみましょう。図 5.2(b) は，各対象に対して精神的健康度を 2 回測定した (変数名をそれぞれ，y_1, y_2 とします) 縦断データにおいて，1 回目の測定における精神的健康度の高さを反映する因子得点 f_1 から，2 回目の同様の因子得点 f_2 をどの程度説明・予測できるかを調べるためのモデルのパス図を示しています。このモデルは，各時点の測定値について (5.1) 式と同様の因子分析モデルを設定し，さらに二時点分の因子得点間の回帰モデルを設定した次の式として表現できます [4]。

$$y_{1jp} = \alpha_{1p} + \lambda_{1p} f_{1j} + \epsilon_{1jp} \tag{5.4}$$
$$y_{2jp} = \alpha_{2p} + \lambda_{2p} f_{2j} + \epsilon_{2jp} \tag{5.5}$$
$$f_{2j} = \beta_{21} f_{1j} + d_{f2} \tag{5.6}$$

ここで，β_{21} は因子得点間の回帰係数 (パス係数) を表します。β_{21} が大きいほど，ある対象の 1 回目の精神的健康度から，その対象の 2 回目の精神的健康度をよく説明・予測できることを意味

---

[4] ここでは，便宜的に，各因子の平均が 0 であることを仮定しています。また，各時点の因子が反映している意味内容の等質性を調べるために，因子負荷や残差分散が時点間で等しいことを仮定したモデルが設定される場合もあります。

58   第 5 章 構造方程式モデリングを用いたメタ分析

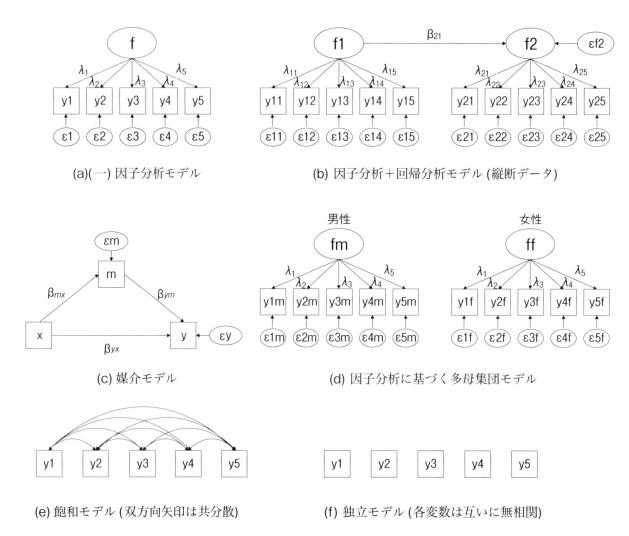

図 5.2: SEM で表現できるさまざまな下位モデル (切片および分散や共分散に関する母数の記号については省略)

します。d_{f2} は回帰式の残差です。このモデルは，因子分析モデルと回帰分析モデルを組み合わせた統計モデルと解釈でき，SEM を利用することで表現が可能になるモデルの 1 つといえます。

次に図 5.2(c) は，変数 x から変数 y への直接的な関係性である直接効果 (β_{yx}) に加えて，媒介変数 m を介した x から y への間接的な関係性である間接 (媒介) 効果 ($\beta_{mx} \times \beta_{ym}$) を同時に表現した媒介モデル[5] のパス図です。このモデルは，次の式で表現できます。

$$y_j = \alpha_{y0} + \beta_{ym}m_j + \beta_{yx}x_j + \epsilon_{yj} \tag{5.7}$$

$$m_j = \alpha_{m0} + \beta_{mx}x_j + \epsilon_{mj} \tag{5.8}$$

ここで，α_{y0} および α_{m0} は回帰式の切片です。そして，β_{ym}，β_{yx}，β_{mx} は直接効果や間接効果の大きさを表現するパス (回帰) 係数であり，また ϵ_{yj} および ϵ_{mj} はそれぞれ回帰式の残差です。例として，例えば経済的状態 x と母親の養育態度 y の関係について，経済的状態 x が母親の不安の強さ m を介して母親の養育態度 y を説明・予測できる程度としての間接効果の大きさを調べることが挙げられます (Newland et al., 2013)。

SEM の枠組の一般性の高さは，多母集団モデルと呼ばれる，特定の基準に基づいて分割された個々の下位集団に対する統計モデルからも理解できます。図 5.2(d) は，男性・女性それぞれのデータに対して図 5.2(a) と同じ一因子分析モデルを設定した多母集団モデルの例を示しています。この場合は，性別を基準にして全体の集団を男性・女性に分割した状況ですが，他にも，異なる学年別や居住地域別，ある尺度得点の高低別など，さまざまな基準が考えられます。一般に多母集団モデルでは，この例における因子分析モデルなど，何らかの統計モデルを設定して，個々の下位集団に対してそのモデルを当てはめます。注意したいのは，多母集団モデルは，単に各下位集団に対してモデルを個別的に当てはめるわけではないということです。むしろ，下位集団間で特定の母数の値が同じと考えられるかどうかといった，母数の等質性に関する吟味ができるのが多母集団モデルの利点です。例えば，この因子分析モデルの例では，設定した尺度項目 ($y_1, y_2, \cdots, y_5$)による測定が男女間で同じ構成概念を反映しているかどうかを，男女間の因子負荷の推定値の違いを通して吟味することができます。図 5.2(d) では，因子負荷が男女間で同じと仮定したモデルを示しています。他にも，独自分散の大きさが同じと仮定したモデルや，因子負荷や独自分散の大きさがともに同じと仮定したモデル等と比較することで，いずれのモデルがよりデータと整合性の高いモデルなのか検討できます。

これ以外にも，変数間の関係性を因子や回帰係数 (パス係数) を利用して表現するのではなく，変数間の相関の大きさを直接的かつ個別に表現した飽和モデルと呼ばれる統計モデル (図 5.2(e))や，相関の大きさをすべて 0 と仮定した独立モデルと呼ばれる統計モデル (図 5.2(f)) も SEM の枠組で考えることができます。詳細については省略しますが，ここまで紹介したいずれの統計モデルにおいても，(5.2) から (5.3) 式の一因子分析モデルの場合と同様に，母数の関数である共分散構造 $\Sigma(\Theta)$ を求めることができます。そのため，これらのモデルについても，共分散構造が実際のデータである標本共分散行列 $\mathbf{S}$ を最も正確に表現 (近似) できるように母数が推定されます。

---

[5]ここでは SEM の下位モデルの例として媒介モデルを挙げていますが，媒介効果を統計的に厳密に調べるうえでは，ここで示している統計モデルを改善した他のモデルを利用することや，他にも第 3 の変数の統制や縦断的なデータ収集など研究デザインとしての工夫も大いに必要となります。この点についてのより詳しい議論は，例えば，Preacher(2015) が参考になります。

§5.2 MASEMの方法

5.2.1 はじめに

これまで見てきたように，SEMでは，変数間の分散・共分散についての情報である，標本共分散行列 $\mathbf{S}$ のデータが得られれば，分析者が設定したモデルを当てはめて，母数の推定結果を得ることができます。また，$\mathbf{S}$ でなくとも，変数間の相関関係の情報である相関行列 $\mathbf{R}$ が得られれば，同様にモデルを当てはめて母数の推定結果を得ることができます。

いま，精神的健康度を測定するためのある尺度項目 $(y_1, y_2, y_3, y_4, y_5)$ を使って，尺度の一次元性を調べた先行研究が複数あったとしましょう。このとき，標本変動の影響などを受けて先行研究間で異なる標本相関行列が得られると考えられます。そこで，これらの異なる標本相関行列のデータを統合 (プール) してより安定した標本相関行列の推定値を得ること，そしてそれを利用してより安定したSEMのモデル内の母数の推定値を得るのが，SEMを用いたメタ分析であるMASEMの目的となります。MASEMの手続きの概要を示したのが図5.3です。

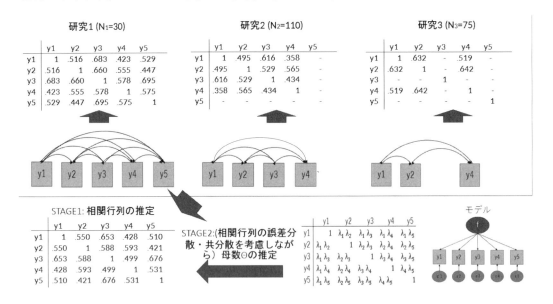

図 5.3: TSSEM(MASEM) のイメージ図 ("-"は変数の欠測を意味する)

異なる研究間の相関行列を統合する場合に問題となりやすいのが，図5.3にもあるように，先行研究によって観測されている変数の数や種類が異なりうるという点です。加えて，各研究で収集されたサンプルサイズにも差異があるのが一般的です。MASEMにはいくつかの方法が知られており，最も古典的な方法 (例えば，Viswesvaran & Ones, 1995) として，一組 (つまり，二変数) の相関係数に関するメタ分析[6]を各組別に行うことで相関行列の推定値 ($\hat{\mathbf{R}}_{pooled}$ とします) を得て，それに対してSEMを当てはめて母数の推定結果を得るというものがあります。しかし，この方法は，各研究において観測されている変数の数や種類が異なっている場合に適用すると，相関

---
[6] 一組の相関係数に関するメタ分析の詳細と実際の研究に即した適用例については，第9章を参照してください。

行列が単一の標本下では取りえない値[7]になる可能性があるため，その際は SEM を当てはめること自体が困難になります。さらに，各組の相関係数が何件の研究からのものなのか，また平均してどの程度の大きさのサンプルサイズに基づく推定値なのかが一貫していないため，$\hat{\mathbf{R}}_{pooled}$ に対して SEM を当てはめる際に，それがどの程度のサンプルサイズをもとに推定されたものかを一通りに決めることができず，母数の推定の際に問題が生じます (Cheung & Chan, 2005; Jak, 2015)。

このような古典的な方法が孕む問題点への対処を試みた，現在最も推奨されている方法に，二段階構造方程式モデリング (two Stage SEM: TSSEM, Cheung & Chan, 2005) があります。以下では，TSSEM の手続きとともにその実行例を紹介します。本章の内容を超えた，TSSEM に関するより詳しい解説としては，Cheung and Chan (2005) の他に，MASEM 全般について平易に解説した教科書である Jak(2015) や Cheung(2015) も参考になります。

5.2.2 TSSEM の手続き

TSSEM の方法は，以下の二段階に分けて考えることができます。

Stage1： 各先行研究を下位集団と見立てて，多母集団モデルを用いて相関行列の推定値 $\hat{\mathbf{R}}_{pooled}$ を得る。

Stage2：Stage1 で得た $\hat{\mathbf{R}}_{pooled}$ に対して設定した SEM を当てはめ，重み付け最小二乗法 (weighted least squares method: WLS) を利用してモデル内の母数の推定値を得る。

Stage2 の SEM 内の母数の推定においては，Stage1 で得られた $\hat{\mathbf{R}}_{pooled}$ の誤差分散・共分散の情報をまとめた漸近誤差共分散行列 $\mathbf{V}$ を利用します。当該の組の相関係数を推定するのに用いた先行研究数やその研究におけるサンプルサイズが大きいほど，その相関係数の推定値の誤差分散は小さくなります。したがって，上述の古典的な方法とは異なり，TSSEM では，各研究において観測されている変数の数や種類が異なっている場合においても，それを踏まえた適切な推定が実行できます。

各 Stage の詳細を，5 つの項目 (変数) を用いた精神的健康度の測定において図 5.2(a) の一因子分析モデルを適用した場合を例に見ていきましょう。ここでは，例示を簡単にするため，図 5.3 のように，計 3 件の先行研究 (研究 1，研究 2，研究 3) からそれぞれ標本相関行列が得られているとします。図 5.3 の標本相関行列において "−" は欠測していること，すなわち，対応する項目がその研究に含まれていなかったことを意味します。例えば，研究 1 では 5 つの項目すべてが利用されていたのに対し，研究 2 では 5 番目の項目が，研究 3 では 3 番目と 5 番目の項目がそれぞれ利用されていなかったことを意味します。

Stage1 では，図 5.3 にあるように，図 5.2(e) でみた飽和モデル (つまり，各変数の組について個別に相関係数を直接仮定するモデル) に基づく多母集団モデルを各研究の標本相関行列に当てはめますが，含まれていない項目は除外して考えます。注意したいのは，ここでは研究間で同じ相関係数を仮定しているということです。これにより，特定の研究における変数に欠測があって

---

[7]このような標本相関行列は，非正定値行列と呼ばれます。

62   第 5 章 構造方程式モデリングを用いたメタ分析

も統合 (プール) した相関行列の適切な推定値が得られるのです。ここで，研究 $i(i = 1, 2, 3)$ において観測された標本相関行列 $\mathbf{R}_i$ に対して個別に飽和モデルを当てはめた際の，研究 i の尤度を F_{MLi}，研究 i のサンプルサイズを N_i とすると，全体，すなわち多母集団モデルの尤度は，

$$F_{ML} = \sum_{i=1}^{3} \frac{N_i}{N} F_{MLi} \tag{5.9}$$

によって計算できます。ここで，$N(= N_1 + N_2 + N_3)$ はすべての研究にわたって合計したサンプルサイズを表します。この尤度を最大にする母数の解が，相関行列の推定値 $\hat{\mathbf{R}}_{pooled}$ となり，また同時にこの推定を通して漸近誤差共分散行列の推定値 $\hat{\mathbf{V}}$ も得ることができます。

Stage2 では，Stage1 で得た $\hat{\mathbf{R}}_{pooled}$ に対して設定した SEM を当てはめます。具体的に，いま SEM として図 5.2(a) の一因子分析モデルを利用するとします。このとき，以下の WLS の基準：

$$(\hat{\mathbf{r}} - \mathbf{r}(\Theta))^t \hat{\mathbf{V}}^{-1} (\hat{\mathbf{r}} - \mathbf{r}(\Theta)) \tag{5.10}$$

を最小にする解として因子分析モデル内の母数 θ を推定します。ここで，t は行列・ベクトルの転置を表します。$\hat{\mathbf{r}}$ は $\hat{\mathbf{R}}_{pooled}$ 内の要素を，重複を許さず一列のベクトルにまとめたものです。例えば，いまのように変数の数が 5 つの場合，相関係数は計 10 種類ありますが，それをまとめたもの，つまり $\hat{\mathbf{r}} = (\hat{r}_{12}, \hat{r}_{13}, \hat{r}_{14}, \hat{r}_{15}, \hat{r}_{23}, \hat{r}_{24}, \hat{r}_{25}, \hat{r}_{34}, \hat{r}_{35}, \hat{r}_{45})^t$ に相当します。$\mathbf{r}(\Theta)$ は，いまの場合，一因子分析モデル内の母数から表現される相関行列 (相関構造) 内の要素を一列にまとめたものであり，(5.2) から (5.3) 式の共分散構造から計算できます。いま，簡単のために変数を標準化 (＝各変数の分散を 1 として) 考えると，$cov(y_{jp}, y_{jp'})$ は実質相関を表す式となることから，(5.3) 式の $\lambda_p \lambda_{p'}$ が $\mathbf{r}(\Theta)$ を構成します。つまり，$\mathbf{r}(\Theta) = (\lambda_1 \lambda_2, \lambda_1 \lambda_3, \lambda_1 \lambda_4, \lambda_1 \lambda_5, \lambda_2 \lambda_3, \lambda_2 \lambda_4, \lambda_2 \lambda_5, \lambda_3 \lambda_4, \lambda_3 \lambda_5, \lambda_4 \lambda_5)^t$ となります。そして，$\hat{\mathbf{V}}^{-1}$ は $\hat{\mathbf{V}}$ の逆行列を意味します。この WLS の基準を最小にするように，各項目の因子負荷が推定されます[8]。この基準では $\hat{\mathbf{r}}$ と $\mathbf{r}(\Theta)$ の近さの評価が $\hat{\mathbf{V}}$ で重み付けられています。そのため，相関係数の推定値と相関構造の間の乖離が同程度であっても，誤差分散が小さい相関係数のほうがペナルティが強く課せられるため，このような相関係数についてはより乖離が小さくなるように推定されます。このように誤差分散の大きさに応じた重み付けが推定に反映されるのが WLS の特徴です。

5.2.3   分析例

ここでは例として，図 5.3 で示しているような，精神的健康度を測定する 5 つの尺度項目がある場合を考えます。つまり，一因子分析モデル (図 5.2(a)) に基づく尺度の一次元性の検証を目的とした，3 件の先行研究の分析結果を用いたメタ分析を行います。TSSEM の実行には，Cheung (2015b) が提供している，統計ソフト R 上で実行できる *metaSEM* パッケージが利用できます[9]。また，*metaSEM* を用いた R のスクリプトについては本章末に示しています。

---

[8]独自因子の分散 ψ_p^2 は，変数の分散をいま 1 と考えていることから，(5.2) 式より，因子負荷が推定されれば自動的にその推定値も定まります。

[9]*metaSEM* パッケージの実行には，SEM を実行するパッケージとして知られる OpenMx(Boker et al., 2011) についての知識が必要になります。これについては OpenMx に関するオンライン上の資料 (http://openmx.ssri.psu.edu/) が参考になります。また，*metaSEM* における分析例全般については，オンライン上の資料 (https://courses.nus.edu.sg/course/psycwlm/Internet/metaSEM/) が参考になります。

Stage1 として，3 件の研究で報告されている相関行列を統合します。研究 2，研究 3 では一部の変数に欠測がありますが，上述のように，TSSEM では多母集団モデルの枠組みを利用して，各相関係数の組について報告されている先行研究の件数やサンプルサイズの違いを考慮しながら相関行列やその誤差分散を推定します。推定された相関行列 $\hat{\mathbf{R}}_{pooled}$ と各相関係数の信頼区間を表 5.1 に示しています。

表 5.1: 統合 (プール) された相関行列 $\hat{\mathbf{R}}_{pooled}$ と各相関係数の 95%信頼区間の推定値

	y1	y2	y3	y4	y5
y1	1	.550 [.456, .644]	.653 [.561, .745]	.428 [.318, .537]	.510 [.288, .731]
y2	.550 [.456, .644]	1	.588 [.484, .691]	.593 [.506, .680]	.421 [.177, .665]
y3	.550 [.456, .644]	.588 [.484, .691]	1	.593 [.506, .680]	.421 [.177, .665]
y4	.428 [.318, .537]	.593 [.506, .680]	.499 [.383, .616]	1	.531 [.305, .757]
y5	.510 [.288, .731]	.421 [.177, .665]	.676 [.498, .854]	.531 [.305, .757]	1

5 番目の変数 y_5 については，計 2 件の研究で欠測があったことを反映して，標準誤差 (誤差分散) が大きくなり，その結果として信頼区間幅が相対的に大きくなっていることが表からも読み取れます。

表 5.2: 因子分析モデル内の母数の点推定値および 95%信頼区間

λ_1	0.750	[0.672, 0.827]
λ_2	0.809	[0.738, 0.879]
λ_3	0.845	[0.769, 0.921]
λ_4	0.716	[0.631, 0.800]
λ_5	0.805	[0.633, 0.978]
ψ_1^2	0.438	[0.316, 0.548]
ψ_2^2	0.346	[0.227, 0.455]
ψ_3^2	0.286	[0.151, 0.409]
ψ_4^2	0.488	[0.360, 0.602]
ψ_5^2	0.351	[0.044, 0.600]

Stage2 として，表 5.1 の相関行列に対して，(5.10) 式の WLS の基準を用いて，(5.1) 式の一因子分析モデル内の母数を推定します。推定結果が表 5.2 に示されています。なお，この相関行列の固有値を降順に並べると，3.185，0.640，0.573，0.352，0.250 となり，この結果は各変数の相関情報が 1 つの因子で縮約できること，すなわち一次元性を示唆しているといえます [10]。

---

[10]このデータは人工データであり，実際に一因子分析モデルをもとに発生させました。なお，本書の範囲を超える内容となりますが，SEM では一般に適合度指標 (model fit indice) と呼ばれる一連の統計的指標を用いて，設定した SEM のデータ (標本相関行列) への当てはまりの良さを評価します。この例において，適合度指標の点から一因子分析モデルの当てはまりをみても，概ね適正な水準であり，一因子分析モデルの適切性が示唆されました。この点の詳細については，章末のプログラムを実行して確認してみてください。

64   第 5 章 構造方程式モデリングを用いたメタ分析

§5.3 まとめ

　本章では，複数の研究から得られた変数間の相関情報をまとめ，それを SEM を用いて分析する MASEM について，特に TSSEM を中心にその考え方と適用例を示しました。本章で示したように，SEM はさまざまな統計モデルをその枠組みの中で柔軟に表現できるという点で優れた方法論です。SEM とメタ分析を組み合わせた MASEM を活用することにより，メタ分析の結果を単に相関係数行列としてのみ示すのではなく，モデル内の母数の推定結果を通して示すことができるのも魅力的でしょう。SEM の扱うモデルの範囲の広さや，分析環境がすでに整備されている点も踏まえると，今後より多くの MASEM(および TSSEM) の応用例が報告されていくことが期待されます。

　最後に，MASEM および TSSEM の方法について，一点補足をしておきます。本章で紹介した相関係数行列のメタ分析では，各研究における母相関行列は研究間で同じであり，研究間で観測される標本相関係数の差異は単なる標本変動によるものと考えています。このようなモデルは固定効果モデルと呼ばれます。一方，各研究で母相関など母数の値に研究間差があることを仮定したモデルは変量効果モデルと呼ばれます[11]。TSSEM の Stage1 では，推定された相関行列を用いて，母相関の値に研究間差があるかどうか，すなわち固定効果モデルではなく変量効果モデルを選択するべきかどうかを吟味することができます。本章では，本書の想定する難易度を踏まえて，また手続きの簡便性を重視して固定効果モデルに基づく方法を説明してきましたが，とりわけ大きな研究間変動が考えられる場合は固定効果モデルの利用は不適切と考えられ，変量効果モデルを利用することが望ましいといえます。この場合は，変量効果モデルを仮定して Stage1 を改めて実行し，漸近誤差共分散行列 $\mathbf{V}$ を再度推定し，それを用いて Stage2 で SEM 内の母数を推定します。本章の例で利用した *metaSEM* パッケージでは，変量効果モデルを仮定した場合のメタ分析 (TSSEM) も容易に実行することができます。

---

　[11]メタ分析における固定効果モデルと変量効果モデルについては本書の各章の内容や，他にも Cheung(2015)，南風原 (2014)，Jak(2015) を参照してください。

5.3. まとめ　65

5.3.1　補足資料：TSSEM の実行のための R スクリプト

metaSEM パッケージを用いた TSSEM の実行のための R スクリプト

```
install.packages("metaSEM") #metaSEM パッケージのインストール（1 度行えば以後不要）
library(metaSEM) #metaSEM パッケージのダウンロード

R1<-matrix(c(1,0.516 ,0.683 ,0.423 ,0.529,0.516 ,1,0.660 ,0.555 ,0.447,0.683 ,
   0.660 ,1,0.578 ,0.695,0.423 ,0.555 ,0.578 ,1,0.575,0.529 ,0.447 ,0.695 ,
   0.575 ,1),5,5)   #研究 1 の標本相関行列

R2<-matrix(c(1,0.495 ,0.616 ,0.358 ,0,0.495 ,1,0.529 ,0.565 ,0,0.616 ,0.529 ,
   1,0.434, 0,0.358 ,0.565 ,0.434 ,1,0,0,0,0,0,NA),5,5)
   #研究 2 の標本相関行列（欠測している研究の対角成分は NA で，関連する要素は 0 に設定。）

R3<-matrix(c(1,0.632 ,0,0.519 ,0,0.632 ,1,0,0.642 ,0,0,0,NA,0,0,0.519 ,0.642 ,
   0,1,0,0,0,0,0,NA),5,5)
   #研究 3 の標本相関行列（欠測している研究の対角成分は NA で，関連する要素は 0 に設定。）

Data<-list(R1,R2,R3) #各研究の標本相関行列の情報を統合。
NData<-c(30,110,75) #各研究のサンプルサイズの情報を統合。


Stage1 analysis
fixed1 <- tssem1(my.df=Data, n=NData, method="FEM") #統合した相関行列の推定の実行
summary(fixed1) #分析結果の出力
coef(fixed1) #相関行列の推定値の出力
eigen(coef(fixed1)) #固有値の計算

Stage2 analysis   #OpenMx については Boker et al (2011) を参照のこと。
S1<-Diag(c("0.75*psi1","0.75*psi2","0.75*psi3","0.75*psi4","0.75*psi5",1))
#分散・共分散に関する情報を格納した行列 S1 と母数の初期値の設定
dimnames(S1)[[1]] <- dimnames(S1)[[2]] <-c("x1","x2","x3","x4","x5","f")

A1<-cbind(matrix(rep(0,6*5),6,5), c("0.5*lambda1","0.5*lambda2","0.5*lambda3",
   "0.5*lambda4","0.5*lambda5",0))
#パス係数に関する情報を格納した行列 A1 と母数の初期値の設定
dimnames(A1)[[1]] <- dimnames(A1)[[2]] <-c("x1","x2","x3","x4","x5","f")

F1<-cbind(diag(5),rep(0,5))
#観測変数と潜在変数の対応関係を示した行列 F1 の設定

fixed2 <- tssem2(fixed1, Amatrix=A1, Smatrix=S1, Fmatrix=F1,
                 diag.constraints=TRUE, intervals="LB",
                 model.name="TSSEM2onefactor")   #因子分析モデルの母数の推定の実行
summary(fixed2) #分析結果の出力
```

参考文献

[1] Boker, S., Neale, M., Maes, H., Wilde, M., Spiegel, M., Brick, T.R., Spies, J., Estabrook, R., Kenny, S., Bates, T.C., Mehta, P., & Fox, J. (2011). OpenMx: Multipurpose Software for Statistical Modeling. (Version R package version 1.0.4). Virginia. Retrieved from http://openmx.psyc.virginia.edu.

[2] Cheung, M.W.L. (2015a). *Meta-analysis: A structural equation modeling approach.* Chichester, West Sussex, UK: John Wiley & Sons.

[3] Cheung, M.W.L. (2015b). MetaSEM: An R package for meta-analysis using structural equation modeling. *Frontiers in Psychology, 5,* 1521.

[4] Cheung, M.W.L., & Chan, W. (2005). Meta-analytic structural equation model-ing: A two-stage approach. *Psychological Methods, 10,* 40–64.

[5] 南風原朝和 (2014). 続・心理統計学の基礎. 有斐閣.

[6] Jak, S. (2015). *Meta-analytic structural equation modeling.* Cham, Switzerland: Springer International Publishing.

[7] Joreskog ,K.G. (1969). A general approach to confirmatory maximum likelihood factor analysis. *Psychometrika, 34,* 183–202.

[8] Joreskog, K.G. (1970). A general method for analysis of covariance structures. *Biometrika, 57,* 239–251.

[9] Newland, R. P., Crnic, K. A., Cox, M. J., & Mills-Koonce, W. R. (2013). The family model stress and maternal psychological symptoms: Mediated pathways from economic hardship to parenting. *Journal of Family Psychology. 27,* 96–105.

[10] Preacher, K.J. (2015). Advances in mediation analysis: A survey and synthesis of new developments. *Annual Review of Psychology, 66,* 825–852.

[11] Radloff, L.S. (1977). The CES-D scale. A self-report depression scale for research in the general population. *Applied Psychological Measurement, 1,* 385–401.

[12] 豊田秀樹 (1998). 共分散構造分析入門編. 朝倉書店.

[13] 豊田秀樹編 (2014). 共分散構造分析 R 編. 東京図書.

[14] 宇佐美慧・荘島宏二郎 (2015). 発達心理学のための統計学：縦断データの分析. 誠信書房.

[15] Viswesvaran, C., & Ones, D.S. (1995). Theory testing: Combining psychometric meta-analysis and structural equations modeling. *Personnel Psychology, 48,* 865–885.

第6章

ベイズ統計学とは

　本書ではベイズ型のメタ分析の説明のために，ここで1章を割いてベイズ統計の考え方を紹介します。そうしないと伝統的な統計学の枠組みだけの人には理解が難しくなるからです。

　とはいえ，一昔前と違い，ベイズ統計の書籍がたくさん出てきており，その中には詳細で優れたものも少なくありません。ただ，それらを読んでいてもとっかかりが難しいと感じます。ひとつ1つの例はトランプだったり，壺だったり，身近なものを用いてわかりやすく，計算を追っていけば簡単で納得がいくものばかりなのですが，確率記号や数式が多数出てくるのでうんざりしてしまうのです。

　さらに問題なのは，ベイズの確率の定理の説明まではわかりやすくても，実際にそれを利用するベイズ統計ではどんな分析をするのかというイメージがわかないところで終わってしまうことが多く，逆にベイズによる分析のプログラムを説明した書籍は専門的すぎたり，特定のプログラムになれていないと難解と感じるものだったりします。

　結局，「ベイズの定理はわかったけど，どう活用すればよいのかわからない」となってしまいます。そこで本書では面倒な数式は極力避けて，エッセンスだけを解説していきます。

§6.1　なぜベイズなのか

　近年，ベイズ統計という言葉をよく耳にします。しかし，実際には D. V. Lindley の「確率統計入門〈第1〉確率—ベイズの方法による」が竹内啓と新家健精による翻訳本として 1968 年に出版されています。目新しもの好きの筆者は東京大学出版会から出た繁桝算男の「ベイズ統計入門」を購入していましたが，それは 1985 年に出版されています。当時はそれを読みこなすことはできませんでしたし，できたとしても有用だったかどうかはわかりません。

　今から 50 年近く前にすでに日本で紹介されていたベイズ統計がどうして現在，広まりつつあるのでしょうか。1つ目の理由として従来の統計学の限界が挙げられます。

　その前に従来の統計学について振り返って復習しておきましょう。

　通常の統計学はピアソンの積率相関係数で有名な Karl Pearson の息子である E. S. Pearson とその弟子の J. Neyman によって確立され，ピアソン・ネイマン統計学と呼ばれることがあります。また，分散分析で有名な Ronald Aylmer Fisher も含めてピアソン・ネイマン・フィッシャー統計学と呼ばれることもあります。

　伝統的な統計学で学ぶ記述統計には Karl Pearson が大きな貢献をしていますし，推測統計に関しては E. S. Pearson と Neyman は有意水準の考え方を確立させ，Fisher が実験計画法を作り上げました。

　データから統計量を求めて母集団について推定し，想定される分布のどの位置に統計量が位置するかから帰無仮説を検定します。そして，帰無仮説を確率 0.01 もしくは 0.05 の危険率を見積

68   第 6 章 ベイズ統計学とは

もったうえで棄却，採択します。もし，帰無仮説が棄却されれば「効果がある」とか「モデルが棄却されない」などの判断をします。

　従来の統計学の授業では，それらを学んできたわけで，そこにベイズの内容が入ることは通常ありませんでした。通常の統計学は精密で客観的と思われていますが，それは完全なデータがある場合だけです。

　十分なデータがない場合は想定されていません。しかし，データがわずかな場合や前例がない場合に対応しなくてはいけないことも実社会ではあります。また，客観的なデータではなく勘や経験などのわずかな知見しかない場合もあります。

　そんな場合でもベイズ統計を利用すれば問題に取りかかることができます。

　2 つ目の理由，それはやはり従来の統計学の限界に関わることですが，仮説検定の p 値に関わる問題があります。例えば p 値には 0.05 や 0.01 が既定値として利用されますが，単純にいえば 0 か 1 かの判断です。そこに灰色の結果は認められません。統計ソフトで出力された確率 p が 0.05 以上であるなら，「有意差があった」とはいえないのです。しかし，この確率の値はデータ数に依存します。データ数が多いと検出力が高まります。言い換えるとわずかな差も検出できるようになるということです。検出力が高まるということは一見，良いことのように思えます。

　でも考えてみてください。右手の親指の長さと左手の親指の長さを比べたら，差はあるでしょうか。この世に 1 つとして同じものはありません。とすれば，データ数を集めていけば確実に親指の長さの違いを検出できます。でも，そこに意味があるかどうかは別な問題です。

　従来の統計学では，この問題を解決するために p 値による検定結果だけではなく，効果の強さである効果量を報告することや適切なサンプル数を事前に決めて検定を行うなどを推奨したり，義務づけるようになってきています。

　一方，ベイズ統計では p 値では判断しません。分布全体を見るような判断になります。これは白黒つけたい人には馴染めない考え方かもしれませんが，灰色を認める柔軟さを許容するとみることもできます。

　3 つ目の理由は理論的なブレイクスルーです。分布の面積を求めるために積分計算が必要になります。正規分布などの既知の分布であれば，それは簡単です。しかし，複雑な分布の積分になるとお手上げということがありました。これに対してマルコフ連鎖モンテカルロ法 (MCMC) という手法が考え出されました。モンテカルロ法は乱数をもとにコンピュータ・シミュレーションで解を求めようとする手法の総称で広く知られています。乱数をもとにした抽出であってもシミュレーション回数を増大していけばいずれは近似的に真の値に近づくという考え方です。一方，マルコフ連鎖とは現在の状態が 1 つ前の状態にのみ影響を受ける連鎖のことです。言い換えるとどの状態も 1 つ前のステップの影響を受けるが，それ以外のステップからは影響されない連鎖になります。モンテカルロ法の完全な乱数に対してマルコフ連鎖はある種の制約を加えることになります。そうすることで，より効率的なシミュレーションを実行することが可能になります。この MCMC で解が収束すれば近似的に分布面積が求められたとみなすのです。これはコンピュータの発達なくしては実用にはならなかったことです。

　4 つ目の理由はコンピュータとプログラムの発達です。これは 3 つ目の理由とも絡んできます。

　理論や手法が知られていても，それだけで利用されるとは限りません。例えば，共分散構造分析 (SEM) のような分析の考え方は 1960 年代に，そして LISREL などのプログラムも 1970 年代に開発されていました。ただ，当時の LISREL はとても使いにくいものでした。共分散構造分析

が爆発的に利用されるようになったのは AMOS などユーザーフレンドリーなソフトウェアが登場してからです。その間は 30〜40 年の差があります。

ベイズ統計も同様です。理論があっても，実用で広く利用されるためには使いやすいプログラムの登場が必要でした。WinBUGS を代表としたフリーのプログラムが公開され，ベイズによる分析がずっと身近になったのです。

以上，4 つの理由でベイズ統計が実用的な時代がきたのです。

§6.2　ベイズ統計学の歴史

ベイズ統計学のもともとをたどると，その名の通り Thomas Bayes(1702–1761) にさかのぼります。Bayes はイギリスの牧師でしたが，確率に関する定理を論文として残しました。彼の死後，遺産整理を頼まれた友人の Richard Price によって 1763 年に論文は発表されました。そして，その重要性を認識した Pierre-Simon Laplace によって世に広く知られるようになったのです。Laplace は高名な数学者であり，自分自身でもベイズの定理に近いことを考えていたといわれています。

現在，ベイズ統計の考え方をとる立場の人はベイジアンと呼ばれています。それに対して，いわゆる伝統的な統計学の立場の人は頻度論者と呼ばれています。両者は敵対しているわけでも，またいずれか一方の立場しかとれないという意味ではありません。

しかし，過去においては有名な統計学者 Fisher はベイジアンという言葉を唾棄すべきラベルとして使用し，ベイズの考え方は抹殺されるべき対象とみなしていた時代もありました。

Sharon Bertsch McGrayne (2011) の著書は 2013 年に『異端の統計学ベイズ』として邦訳され，ベイズ統計の歴史を読みやすく扱っています。

その中で忌むべき存在とされたベイズ統計が，日の目を見るきっかけとされた事例は，理論家からではなく，実務や応用の現場からだったことが紹介されています。そこには保険事業への応用，大統領選挙の予測，海に沈んだ水爆の探索などが挙げられています。どれも統計の理論的な発展からではなく，現場のやむにやまれぬ状況からベイズが適用されたことがわかります。

例えば，自分が飛行機とともに海に沈んだ水爆を探索するために，出動を要請された統計学者だったとすれば途方にくれるのは想像がつくのではないでしょうか。同じ海域で何度も水爆を積んだ飛行機が墜落するという事例が多数あり，データが十分なら従来の統計学を駆使して探索のための意思決定ができるかもしれません。しかし，そんなことはありえません。となると十分なデータがない以上，従来型の統計学ではお手上げです。そこでベイズの考え方が利用され，実効性を示したのです。

こうしてベイズ統計の有効性は徐々に認められ，今日に至ります。もちろん，前節で述べたコンピュータとプログラムの発展が実用性を大きく飛躍させたことはいうまでもありません。

現在でもベイズ統計はその理論的側面での発展以上に，実用性で私たちの生活に密着しています。金融市場の予測，迷惑メール対策やネット検索技術，医療への応用，人工知能や機械学習といつの間にかベイズが利用されているのです。

そのような意味では，アカデミックな理論として大学で発展し，広まり，実務に応用されていくという順序ではなく，実際的な応用が先にあり，後から教育がついていくような不思議な状態があるのです。

とはいえ，ベイズ統計が伝統的な統計学と並んで大学で教えられるようになるのは時間の問題です。現在は，その変化の過渡期といえるかもしれません。

§6.3 ベイズの定理

数式は極力避けると最初に書きましたが，もともとのベイズの定理は避けては通れませんので以下に示しておきます。

$$P(A|B) = \frac{P(B|A)P(A)}{P(B)} \tag{6.1}$$

ベイズの定理はベイズの確率公式が出発点です。ここで $P(\ )$ とあるのは確率 (probability) を意味します。$P(A)$ や $P(B)$ はそれぞれ A が生じる確率，B が生じる確率という具合です。

A が例えばサイコロで 1 の目が出るという事象なら，$P(A)$ は 1/6 ということになります。

次に $P(A|B)$ のように縦棒で区切ると条件付き確率を表します。$P(A|B)$ なら B が生じたという条件のもとで A が生じた確率を意味します。

式 (6.1) の左辺には $P(A|B)$ がありますので，B が生じたという条件のもとで A が生じた確率ということになります。一方，右辺の中には $P(B|A)$ がありますので A が生じたという条件のもとで B が生じた確率になります。

$P(A|B)$ と $P(B|A)$ という対称的な形が生じています。ベイズの定理が逆確率の定理と呼ばれるゆえんもここにあります。

式 (6.1) が成立するかを図で考えてみましょう。

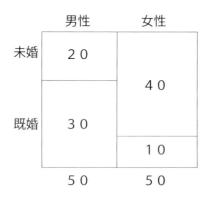

図 6.1: 男性・女性と未婚・既婚

100 人中，男性と女性は 50 人ずつ，それぞれ既婚者と未婚者がいるとしましょう。

男性の未婚者は 20 人，既婚者は 30 人です。女性の未婚者は 40 人で既婚者は 10 人です。仮にそこから 1 人を選び出して，それが男性で未婚者の確率を求めてみるとします。

式 (6.1) が本当に成立するのか確かめてみましょう。

まず，$P(A)$ を未婚の確率，$P(B)$ を男性の確率とします。

すると式 (6.1) の左辺 $P(A|B)$ は男性でかつ未婚者ということになりますので，ここで求めたい問題の確率になることがわかります。

式 (6.1) の右辺の中にある $P(B|A)$ は未婚者でかつ男性の確率になります。

具体的な数値で考えると $P(A)$ は未婚の確率で全体 100 人の中に未婚者が 60 人いますので 60/100 で 3/5 となります。

同様に $P(B)$ の男性の確率は全体 100 人中男性は 50 人いますので 50/100 で 1/2 となります。

さて，$P(A|B)$ と $P(B|A)$ の考え方ですが，これは条件付き確率でした。ある条件，前提のもとでの確率になります。

$P(A|B)$ は男性で未婚の確率なので，図 6.1 から見て全体の 100 人に対して男性で未婚者は 20 人ということで 20/100 と考えてしまうかもしれません。

しかし，条件付き確率ということは男性ということが確定してしまっているという意味でもあります。言い換えると 1 人選び出してみたら，それは男性だったという世界の中での確率と考えるとよいかもしれません。

ですから，全体の人数 100 ではなく，男性の人数 50 に対して未婚者の割合から確率を求めなくてはなりません。この場合は 20/50 で 2/5 になります。

同様に考えると $P(B|A)$ は未婚で男性の確率ですので，未婚者の中での男性の割合から 20/60 となり，1/3 になります。

以上を整理すると次のようになります。

$$未婚者の確率 \quad P(A) = \frac{60}{100} = \frac{3}{5} \tag{6.2}$$

$$男性の確率 \quad P(B) = \frac{50}{100} = \frac{1}{2} \tag{6.3}$$

$$未婚者で男性の確率 \quad P(B|A) = \frac{20}{60} = \frac{1}{3} \tag{6.4}$$

$$男性で未婚者の確率 \quad P(A|B) = \frac{20}{50} = \frac{2}{5} \tag{6.5}$$

ベイズの定理に代入してみると次のように等式が成立することがわかります。

$$P(A|B) = \frac{P(B|A)P(A)}{P(B)} \iff \frac{2}{5} = \frac{\frac{1}{3} \times \frac{3}{5}}{\frac{1}{2}} \tag{6.6}$$

ここで $P(A|B)$ は事後確率 (posterior probability)，$P(A)$ は事前確率 (prior probability) と呼びます。

式 (6.1) を一般化して添え字を加えた形で表現されることもあります。

$$P(A_i|B_j) = \frac{P(B_j|A_i)P(A_i)}{P(B_j)} \tag{6.7}$$

しかし，これだけではベイズのありがたさはわからないと思います。

72   第 6 章 ベイズ統計学とは

　ここで男性で未婚者の確率 $P(A|B)$ が，ある証拠が得られたもとでの容疑者が犯人である確率と置き換えられたらどうでしょう。あるいは沈んだ水爆を探すときにすでに探索済みの水域という情報が判明したうえで水爆がある場所の確率を意味したらどうでしょうか。受け取ったメールにスパムメールにありがちな単語が含まれていることがわかった時にそれがスパムである確率がわかったなら，あるいはある行動を選択したらより良い結果が得られることがわかったなら … 。
　これは意思決定に役立つことがわかると思います。
　つまり，情報が得られたことで，ターゲットとなる問題の確率を見積もれるようになるということです。表6.1にベイズの考え方とその応用例を挙げてみました。

表 6.1: ベイズの考え方と応用

情報・データ・標本	事後確率 (可能性)
証拠	犯人の確率
調査済み海域のデータ	探している水爆のある地点の可能性
受け取ったメールの内容	スパムである確率
医療診断の結果	本当にその病気にかかっている確率
…	…
…	…
データ	そのデータが抽出された可能性が高い分布

§ 6.4　ベイズ更新と逐次合理性

　データが与えられたことで，事後確率が求められます。ここで得られたデータが複数ある状況を考えます。
　仮に証拠と犯人の例で考えるなら，証拠が複数出てきたような場合です。一挙にすべての証拠が漏れなく集まったなら，ある容疑者を犯人かどうか特定するのは容易かもしれません。
　しかし，現実にはすべての証拠が集まったということは確信することは決してできません。例えば，昔は利用できなかった DNA 判定という技術が現在は利用でき，過去の事件が解決したような場合もあります。ずっと経ってから目撃者の証言や共犯とされた人物の自白が撤回されることもあるでしょう。
　ここで，現実にはありえませんが，すべての証拠が揃った場合，それと証拠が徐々に集まった場合を図6.2に示しておきます。
　すべての証拠が揃った場合というのは，従来の統計学と考えることができるかもしれません。データがすべて揃っているときにはとても有効で強力です。
　しかし，わずかしか手がかりがない，言い換えるとデータが揃っていないとお手上げということでもあります。
　今，手持ちのデータがわずかしかない，場合によってはデータという形をとらない分析者の勘のような主観的なものしかないこともあるでしょう。

6.4. ベイズ更新と逐次合理性

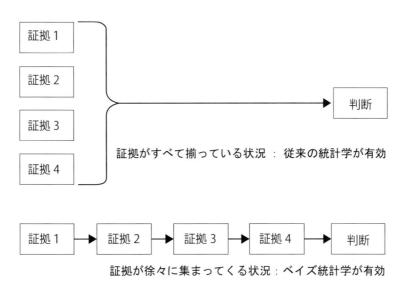

図 6.2: 証拠と判断

それが図 6.2 の下に示されるような場合です。もしかすると証拠 1 は刑事の勘かもしれません。そのうち，証拠 2 として目撃証言が出てきて，証拠 3 でアリバイが崩され，証拠 4 では DNA 鑑定の結果が得られるようなケースが考えられるかもしれません。

このように少ないデータなら，そのデータだけからでも判断や推定ができるのがベイズの利点です。もちろん，少ないデータでは判断・推定も十分正確というわけにはいきません。しかし，何も手が出せないより，よいことは明らかです。

問題はすべてのデータが一度に手に入って行う判断と徐々にデータが集まって行う判断に違いがあるかということです

これは幸いなことに一致します。わずかながらでもデータが集まるにつれて，すべてのデータを手に入れて行う判断により近づいていくのです。このように新たな情報が加わるにつれて判断が更新されることをベイズ更新と呼びます。新たなデータが集まるにつれて判断を変えていけるのはベイズの特徴で，反復して学習すればするほど，より完全な習得に近づいていくという点で人間の学習とよく似ていることがわかると思います。

ここで便利なことは徐々に証拠が集まるという場合，証拠 4 が出た場合に証拠 1 からすべてを見直す必要がないということです。1 つ前の証拠 3 が得られた時点の判断に証拠 1 と証拠 2 の情報が含まれているので，証拠 3 のみを判断に使用するだけでよいのです。

言い換えると 1 つ前のデータにそれまでのデータの情報はすべて含まれているとみなせるということです。この性質のことを逐次合理性と呼びます。

この性質を利用して，一度計算された事後確率を事前確率に代入して，また事後確率を求めていくとどうでしょう。このように事後確率が事前確率に入れられて更新されること，あるいはもっと一般的にデータや情報が加えられて更新されることを繰り返していくとやがて値が収束していくなら非常に都合がよいことがわかります。後の 6.7 節で出てくるマルコフ連鎖がそのために利用できます。

74   第 6 章 ベイズ統計学とは

§6.5   ベイズ統計学の考え方

ここまで述べてきたことは，ベイズの定理から得られた確率の話です。つまりベイズ確率の話ということです。まだ，ベイズ統計学というところにはたどり着いていません。

しかし，事前確率や事後確率という言葉の確率を分布に置き換えてみるとどうでしょう。ベイズの定理から得られたデータから事前の分布がわかれば，事後の分布を推定できるということになります。あるデータ・標本が得られた際に実際の分布がどうなっているかを見積もることができるということです。

こうして，ベイズの定理は分布にも応用でき，統計学と結びつくのがわかります。

ただ，式 (6.7) はあくまで確率で，離散的な 1 つの点を表しています。それらを連続的な分布として扱えないと困ります。そこで確率密度関数を利用します。1 点ではなく，幅をとって面積で確率を考えていくのです。

これは統計学では当然で，分布面積を確率とみなすことで有意性を判断する確率を求めていたことを思い出しましょう。確率 0.05 未満といえば，分布面積を 1 と基準化したときに面積が 0.05 未満にしかならないほど検定統計量が分布の端にきたということでした。これにより，有意差があると判断しました。

ここでデータが与えられて，分布を推定するというのは従来の統計学と同じではないかと思われるかもしれません。しかし，その根底にある発想はまったく違います。従来の統計学では真の分布が存在し，データ (標本) はそこから抽出された可能性があるものという考え方でした。真の分布の平均値や分散は固定された値でした。一方，標本は誤差を含み，変動しているものの中の 1 つという考え方でした。

ベイズ統計学の考え方は逆で，標本として得られたデータの方こそが真であり，背後にある分布は変動しているという考え方をとります。表 6.2 に考え方の違いを示しています。

表 6.2: 伝統的統計学とベイズ統計学の考え方

	母集団とは		標本とは
伝統的統計学	真の唯一の母集団分布	$\Longrightarrow$	ゆらいでいる標本データ
ベイズ統計学	ゆらいでいる母集団	$\Longleftarrow$	確定した標本データ

実際には，このような考え方は従来の統計学でも一部，取り入れられており，それは最尤法と呼ばれているものです。最尤法という名前を分解すれば，最も尤もらしい (最も可能性が高い) となります。何が最も尤もらしいのかといえば，標本が得られた際に，その標本が抽出された可能性が最も高い母集団分布という意味です。そこには真の唯一の固定された分布という考え方はありません。いろいろ分布がたくさんある中で，これが最も可能性が高いというわけですから。

ベイズの定理から確率が求められるなら，それを面積に変換することもできるはずです。言い換えると確率を分布に置き換えることができるはずです。

実際，そのままのベイズの定理では確率は求められますが，その値は離散量であって，連続量に対応していません。

―――――― 確率のまま連続量を扱えないわけ ――――――

　連続量を離散的な確率としてどうしてそのまま扱えないのでしょうか。例えば、サイコロで 1 の目が出る確率は 1/6 で問題ありません。これは離散量です。では、連続量を考えてみましょう。例えば、あなたの体重はどうでしょう。

　あなたの体重が 65kg である確率を考えます。体重計に乗れば体重は 1 つに決まると思い込んでいませんか。でも、実際は体重計は体重を離散的な値として扱っているに過ぎません。

　数学的に体重を連続量として扱うなら、65kg である確率は 65.000000··· とあとに 0 が無限に続く数値と一致する確率になります。もちろん、65.000001 は 65 ではないのでダメです。ちなみに 65kg より次に重い隣の値は何でしょうか。65.1kg でないのは明らかです。65.05kg が間にあります。では 65.05kg かといえば、65.025kg がその間にあるでしょう。さらにさらに···。

　無限に続くこのような数値と一致する確率なんてないのではないかと思うかもしれません。実はその通りです。体重を厳密に連続量として扱うなら、65kg である確率はない、つまり 0 になってしまうのです。ですから、1 つの点としての確率ではなく、確率をある範囲 (面積) として捉えるしかないのです。

　連続量で考えるためには、確率密度関数として考える必要があります。簡単にいえば、確率をある範囲に入る面積として示すように変換するということです。

　では、データが得られた場合に、それがどのような分布をしているのかという事前分布はどうしたらわかるのでしょうか。ここでベイズの問題点が 2 つ出てきます。

　1 つ目の問題点は事前分布をどう仮定するかについて分析者の自由度が大きいということです。自由であるということは同時に客観性に疑問が生じるということにもなります。伝統的な統計学からベイズが攻撃された問題点です。

　これについての 1 つの解決法は、事前分布がわからないならすべての生起確率は同じとみなそうということです。ベイズ確率の場合なら、すべてを等確率とみなすことになります。

　ここで注意が必要なのは、ベイズでは事前確率に等確率を設定しなくてはならないという意味ではないということです。ここの設定こそが、むしろ情報になりにくい情報を取り込めるベイズの醍醐味なのです。ただし、何でもよいと自由にすれば批判が生じるのも覚悟しておかなくてはならないでしょう。

　事前に情報がないので等確率とみなすということを分布に置き換えて考えると、それは一様分布ということになります。例えば、サイコロのそれぞれの目が出る確率は 1/6 です。繰り返しサイコロを振って目の分布を作成すればフラットな分布になることが期待されます。これは一様分布です。何も情報がないことから想定した分布は無情報分布とも呼びます。

　また、無情報分布に想定する根拠を「理由不十分の原則」と呼びます。

　2 つ目の問題点は事前分布が複雑な分布だと計算が手に負えなくなるという点です。ただ、この点に関してはさまざまな計算アルゴリズムが考え出されるようになりました。これについては、あとの節で述べます。

　確率から分布に適用範囲を広げることができました。ベイズの定理では単純に A と B という名前で事象が生じる確率を区別してきました。

　ここでは確率と区別するために事前確率 $P(A)$、事後確率 $P(A|B)$、A のもとで B が生じる条

件付き確率 $P(B|A)$, B が生じる確率 $P(B)$ を統計学に対応した用語と記号に置き換えてみます。

D をデータ, θ を分布を示す母数 (パラメータ) とします。

そうすると $P(B)$ とは得られたデータ (標本) に対応しますので $f(D)$, $P(A)$ は事前分布となるので母数からなる関数 $f(\theta)$ となります。

事後確率 $P(A|B)$ は $f(\theta|D)$ となり, データ D が得られたときに, それが母数 θ の分布から得られた確率となります。また, $P(B|A)$ は $f(D|\theta)$ となり, これは母数 θ の分布を前提としたときに, データ D が得られる尤もらしさ（可能性の高さ）を表しているので尤度と呼びます。

記号もそれに合わせて変更すると表 6.3 のようになります。

表 6.3: ベイズ確率とベイズ統計学

ベイズ確率	ベイズ統計学
離散的	連続的
事後確率　$P(A\|B)$	事後分布　$f(\theta\|D)$
$P(B\|A)$	尤度　$f(D\|\theta)$
事前確率　$P(A)$	事前分布　$f(\theta)$
観測された確率　$P(B)$	観測されたデータの確率　$f(D)$
$P(A\|B) = \frac{P(B\|A)P(A)}{P(B)}$	$f(\theta\|D) = \frac{f(D\|\theta)f(\theta)}{f(D)}$

ここで分母の $f(D)$ は観測されたデータの確率で, 周辺尤度 (marginal likelihood) とも呼ばれます。これは事後分布の面積が 1 になるように規格化（正規化）する働きがありますが, θ が含まれないので θ に対して定数とみなすことができます。定数なら計算して求めればよいと思うかもしれませんが, 求めるのが難しいことが多いのです。だとすれば, 面倒を避けて定数に相当する $f(D)$ を省略し, 等号 (=) をやめてしまうというアイデアがわきます。

$$\text{事後分布} = \frac{\text{尤度} \times \text{事前分布}}{f(D)} \quad \Rightarrow \quad \text{事後分布} \propto \text{尤度} \times \text{事前分布} \tag{6.8}$$

ここで $\propto$ とは, 比例するという意味の記号です。完全一致の = ではなくなりましたが, 比例関係は保たれているということです。でも, 比例関係さえ保たれていれば, どのように拡大, 縮小されようが分布の形はわかります。これで必要な情報は十分なのです。

こうして, もともとの確率を表したベイズの定理は統計分布へ拡張できたことになります。簡単にいえば, ベイズの定理の確率の要素を分布に置き換えたものがベイズ統計学ということになります。

ここで事前分布から事後分布を求め, 求まった事後分布を今度は事前分布に改めて代入して, 新たな事後分布を求めることを反復していきます。

何度反復計算しても, 値がほとんど変化しないと判断できれば, 計算が収束したことになります。

§6.6 共役事前分布

事前分布がわからないということが，ベイズの問題点の1つと述べてきました。しかし，事前分布がある程度わかっている場合もあるかもしれません。例えば，身長や体重など従来の研究から正規分布とみなしても問題がないデータもあるかもしれません。

仮に事前分布を正規分布とした場合に，事後分布はどうなるのでしょうか。これは幸いに正規分布になります。このように事前分布と事後分布が対応することがわかっている分布のことを共役事前分布と呼びます。求めたい事後分布に対応した共役事前分布を指定すれば，その分布が得られるということです。

この共役事前分布としては従来の統計学の講義ではあまり出てこなかったようなベータ (β) 分布やガンマ (Γ) 分布などが出てきます。

正規分布は平均 μ と分散 σ が決まれば，分布の形状が決まりました。同じようにベータ分布では α と β の2つで分布の形状が決まります。ただ，正規分布では平均 μ と分散 σ が異なる正規分布同士でも形状がまったく異なるということはありませんでした。左右対称ですし，なだらかさは異なっても1つの峰をもつ山型でした。

ベータ分布では α と β の2つが異なると分布の形状が大きく変化します。例えば，$\alpha = 1$ と $\beta = 1$ なら，無情報分布であった一様分布になります。ところが，$\alpha = 2$ と $\beta = 1$ とすると右上がりの直線的分布，$\alpha = 2$ と $\beta = 2$ なら逆U字型の分布，さらに α と β の次数が上がると複雑な分布と形状が変わってきます。

ここでは共役事前分布を表 6.4 に示しておきます。

表 6.4: 共役事前分布

事前分布	尤度 (データの分布)	事後分布
ベータ分布	二項分布	ベータ分布
ガンマ分布	ポアソン分布	ガンマ分布
逆ガンマ分布	正規分布	逆ガンマ分布
正規分布	正規分布	正規分布

さて，共役する事前分布が想定できたなら，どんなメリットがあるのでしょうか。それは計算がとても簡単になることです。すでによく知られた分布に従うのなら，平均値や期待値，分散などの式が既知で簡単に求めることができます。分布の面積を求める積分の計算が必要な場合でも簡単になります。

例えば，ベータ分布なら，もう以下のことが分布の特性としてわかっています。事後分布がベータ分布に従うのなら，平均も分散もすぐに求められます。

$$\text{平均値}: \mu = \frac{\alpha}{(\alpha + \beta)} \tag{6.9}$$

$$\text{分散}: \sigma^2 = \frac{\alpha\beta}{(\alpha + \beta)^2(\alpha + \beta + 1)} \tag{6.10}$$

このように，共役事前分布は有用ですが，分布がよく知られていないとか分布が複雑な場合には使えません。そこで後で述べる MCMC のような手法が開発されてきたのです。

6.6.1 事前分布とメタ分析

事前分布の想定次第で事後分布は影響を受けます。事前分布をどう決めればよいのかは現在でも大きな問題です。しかし，ここでメタ分析を利用することが考えられます。過去の研究を統合したものがメタ分析なのですから，その情報を利用することができれば，よりよい推定ができます。メタ分析の結果から，パラメータや分布を推定するということもできるのです。

§ 6.7　MCMC

ベイズ統計学で問題になるのは積分，すなわち分布の面積を求めることの困難さでした。解決法の1つは共役事前分布を利用することでした。しかし，それでは限界があります。そこで登場したのが乱数を利用したシミュレーションの考え方です。なぜ，面積に乱数が関係するのでしょうか。

図 6.3: 複雑な面積を乱数で求める

図 6.3 を見てみましょう。左の図はポケモン GO で新たなポケモンが見つかったような図です。問題は，このポケモン (?!) の面積を求めなくてはならないという場合です。もちろん，図の一部一部を分解して円や三角形，長方形に近似させて面積を求めて足せばよいという考えもあるでしょう。しかし，そのような職人芸はコンピュータで実現させるのは困難です。

乱数を使うことを考えてみましょう。例えば背景も含めた長方形の面積を求めます。これは簡単でしょう。仮に 10cm × 12cm なら面積は 120cm^2 と簡単に求まります。

次に図を例えば 1000 × 1200 にメッシュ状に区切ると考えます。それぞれのメッシュのセルはポケモンか，背景かのいずれかに判定できます。

次にランダムに 1000 × 1200 の中に点を打っていきます。点の数を数えることはできますのでもし，ポケモンの中に入る点の数と背景の点の数の比率が 45:55 なら，全体の面積が 120cm^2 なのでポケモンの面積は 54cm^2 となるわけです。メッシュの数を多くして細かくすればするほどより正確な面積に近づくことはいうまでもありません。

このように乱数で面積を求めることもできるように，両者はかけ離れたものではないのです。

なぜ，面積の計算が必要なのか疑問に思うかもしれません。例えば，正規分布のような既知の分布なら平均や分散も形からわかるかもしれません。しかし，未知の分布の場合には平均も分散

もわかりません。

そこで面積がわかると，そこから平均や分散を導き出すことができます。分布を構成する乱数を発生する方法として出てきたのが MCMC です。これはマルコフ連鎖モンテカルロ法 (Markov Chain Monte Carlo method) の略です。

モンテカルロ法は S. M. Ulam により開発されました。その名前は Nicholas Metropolis がカジノで有名なモナコ公国の中心市街地モンテカルロから示唆を得て，最終的に John von Neuman が命名したと言われています。第二次世界大戦中にすでに物理学の分野で利用されていました。

次にマルコフ連鎖ですが，それを研究したロシア人の数学者 Andrey (Andrei) Andreyevich Markov(1856–1922) から名前をとっています。時系列で次の結果が現時点の結果のみに依存しているようなプロセスのことを指します。

マルコフ連鎖の定義に当てはまるための条件はいろいろありますが，ここでは単純に乱数を利用する場合に，まったく独立な乱数を発生させる代わりに，その 1 つ前の乱数の情報だけを利用する方法だと理解しておけばよいでしょう。ここで重要なのは 1 つ前だけということです。それ以上過去の情報は使いません。それにもかかわらず，マルコフ連鎖はある条件を満たすときに定常分布に収束することが知られています。これは非常に便利な性質だということがわかると思います。

モンテカルロ法 (MC) とマルコフ連鎖 (MC) が結びついて MCMC として最初に利用されたのは水爆開発に関わる問題で，アルゴリズムについての論文は Metropolis ら (1953) が発表したものでした。省略して MCMC と呼ぶことにしたのは Luke Thierney(1994) からだとされます。

MCMC といっても 1 つの方法というわけではなく，いろいろな手法が提案されています。MCMC はそれらの手法の総称といえるでしょう。

手法の違いは単純にいえば乱数を次にどう変化させていくかの工夫の違いです。

純粋な乱数を使用していては効率がよくありません。例えば，作成したい事後分布 (目標分布) について仮説があるなら，それに近くなるような乱数が発生するよう偏りを加えることが考えられます。

例えば，自分が乱数発生マシンだと考えてみてください。そして発生した乱数からある分布を構成中と考えてみましょう。作りたい目標分布が正規分布のように頂点が 1 つで左右対称の分布というなら，頂点が 1 つもうできつつあるのに他に別な頂点が出てきそうな乱数が続々と発生されてくるなら，これは失敗とわかります。

頂点が 1 つという情報があり，左右が対称というなら中心に近い乱数の発生は可能性を高く，端の方にあたる極端な値の発生は低く見積もった方がよいでしょう。

これは単純な例ですが，ある乱数が得られたときにそれを採択するのか，棄却するのかという判断の工夫の違いが MCMC プログラムの違いといえます。

ここで採択と棄却と書きましたが，答えとして白黒つけるのが常によいとは限りません。灰色の余地を残すような乱数の工夫も考えられます。白という結論になっていても，ある確率で黒になる可能性 (逆も同様です) も入れるということです。これが判断の工夫の違いとなります。

例えば，白黒が数値的な大きさで判断されるとして 白 (100) > 黒 (1) なら白の方が大きいという可能性は非常に高そうです。でも，白 (100) > 黒 (99.9) ならどうでしょう。どちらのケースも白が黒より大きいからと一律に判断してよいものでしょうか。その差に応じて 白 (100) > 黒 (99.9) で白が大きい場合でも逆に黒の方が大きい可能性を確率として組み込んだ方が現実の世界を反映

80   第 6 章 ベイズ統計学とは

しそうです。

　ベイズ統計で MCMC を使う場合には唯一の解を探し求めるというよりは，たくさんの乱数を発生させ，分布を構成することが主眼なので白黒だけではなく，灰色も許すプログラムの方が適切です。

　予想される目標分布に近づき，しかも計算が収束して 1 つの分布が決まるというのであれば，それは理想的な展開だということがわかると思います。

表 6.5: MCMC の手法とソフトウェア

手法名	ソフトウェア
ギブス・サンプリング法	WinBUGS, OpenBUGS, JAGS
メトロポリス・ヘイスティング法 (MH)	Stata
ハミルトニアン・モンテカルロ法 (HMC)	Stan

　表 6.5 に MCMC の手法とソフトウェアをまとめてみました。メトロポリス・ヘイスティング法 (MH) は Metropolis ら (1953) が提案したメトロポリス法を Hastings(1970) が改善したアルゴリズムです。実際のソフトウェアではメトロポリス・ヘイスティング法 (MH) が採用されているので，ここではメトロポリス法は記していません。また，Stata は MCMC のプログラムではなく，統計ソフトウェアなので，他の MCMC プログラムと同列に載せるのは不適切かもしれませんが，ここでは採用している手法がわかるように，あえて記しています。

§6.8　マルチレベル・階層ベイズモデル

　ベイズ統計では事前分布に尤度を掛けたものと比例関係にあるということから事後分布を作成しました。

$$事後分布 \propto 尤度 \times 事前分布 \tag{6.11}$$

　このときに，事前分布は 1 つだけです。これが更新されていくだけになります。ここで事前分布にさらに情報を盛り込めないかという考え方がでてきます。例えば，ケースが人間だとしましょう。サンプルの全体で 1 つの事前分布を構成しているのだという考え方なら，これまでのモデルでよいでしょう。

　しかし，サンプルの中で性別で反応が異なっているかもしれません。また，出身校や出身県が異なる人のグループが作れるかもしれません。あるいは実験が昼に行われたグループと夜に行われたグループがあるかもしれません。もっと細かくいうと，ケースごとの個人差さえも考慮しなくては分布の説明がつかないかもしれません。

　このとき，データは大きな塊で分割できないものと考えるのではなく，下位のグループ，さらには個人差までとピラミッド型に階層的になっていると考えることができます。

　このような下位の階層ごとで，反応が異なるという事前の知識を持っているのなら，事前分布を構成する前に，さらに事前分布の制約を加えたらどうかという発想が出てきます。つまり，事

前知識や経験知識を反映するような下位の事前分布を考えて，そこから次の上位の事前分布を構成するのです。

$$事後分布 \propto 尤度 \times 事前分布 \tag{6.12}$$

$$事後分布 \propto 尤度 \times 事前分布 \times 事前分布_1 \tag{6.13}$$

$$事後分布 \propto 尤度 \times 事前分布 \times 事前分布_1 \times 事前分布_2 \tag{6.14}$$

上の 3 つの式は下に行くほど階層が深くなっています。一番下の例では事前分布 $_2$ から事前分布 $_1$ を構成し，さらに事前分布 $_1$ から事前分布を構成していくといった具合です。このときに下位の階層の事前分布を規定するパラメータのことを超パラメータ，あるいはハイパーパラメータと呼びます。このパラメータによって事前知識や経験知識を反映させるのです。

パラメータというと難しく感じるかもしれませんが，例えば正規分布なら平均と分散で分布が 1 つに決まりました。正規分布の場合には，この平均と分散がパラメータになります。

ここで挙げたような階層的な変動を組み込む分析法としては一般化混合モデル (GLMM: generalized linear mixed model) があります。しかし，組み込む要因が多くなれば計算が複雑になり，解析が難しくなります。

一方，ベイズ統計では MCMC を利用しているので，ずっと自由度が高いモデルを考えることができるのです。

ベイズ統計の強みは事前分布に情報を盛り込んで自由度の高いモデルを作れることですが，それは同時に弱点にもなります。どういう事前分布を設定するか次第で事後分布は変わってくるからです。そこでなるべく事前分布の選択次第で事後分布に影響がない分布を選択するためにさまざまな方法が提唱されています。それらは無情報事前分布と呼ばれます。例えば，一様分布や分散を大きくとった平べったい正規分布 (例えば $N(0, 10000)$)，分散については逆ガンマ分布 (例えば $IGamma(0.001, 0.001)$) や分散の逆数，などなどです。

§ 6.9 　実際の分析

さて，ベイズの考え方がわかったとして実際に分析を行うにはどうすればよいのでしょう。

一般的な方法は解析環境で知られる R の上でプログラムを利用することです。R は無償でダウンロードして利用でき，ほとんどの MCMC プログラムも R で動くことが想定されているからです。

R に関しては良書がたくさん出ているので，ここでは統計ソフトウェアでベイズ分析ができる Stata を紹介します。

6.9.1 　Stata

Stata は SPSS と同じ統計解析ソフトウェアで世界的に高い評価を受けているものです。ハーバード大学やスタンフォード大学など海外の有名大学では SPSS，Stata，SAS が御三家のように大抵揃っています。ただし，Stata は日本ではあまり知名度が高くありません。大きな原因はバージョン 13 まで日本語に対応していなかったためです。しかし，2016 年のバージョン 14 から文字コードが UNICODE となり，日本語対応しました。

82   第 6 章 ベイズ統計学とは

Stata はさまざまな分析手法は網羅しています。よく使う検定や多変量解析の他に項目反応理論やリサンプリング手法，そして，共分散構造分析 (SEM) やベイズ分析，メタ分析なども実行できます。コマンドからの実行も GUI でメニューから選択しての実行もできます。ベイズ型メタ分析の第 7 章で述べるようにメタ分析はコマンドから実行します。図 6.4 は Stata で分析メニューを表示させた画面を示しています。

Stata は比較的価格が安く，オプションを購入しなくてもオールインワンですべての分析ができるのも特徴です。他には個人購入したときに自分一人だけが使うなら，3 つまでインストールが許されるライセンスを採用しているので，仕事場と自宅，ノート PC とそれぞれにインストールして利用ができるのも魅力です。Windows，Mac，Linux に対応しています。

Stata のメニューで「統計」「ベイジアン分析」を選択することでメトロポリス・ヘイスティング法を用いたベイズ分析ができます。

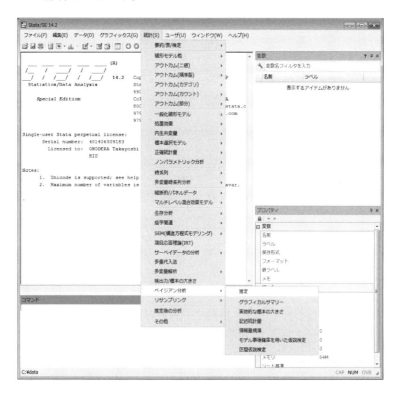

図 6.4: Stata の統計メニュー画面

6.9.2 StataStan

Stata のメニューから選択できる内容では飽き足らないという人もいるかもしれません。そういう人のためには Stan が使えるインターフェースとして StataStan が公開されています[1]。Stata

---
[1] http://mc-stan.org/interfaces/stata-stan

6.10. 分析結果の解釈　　83

上で Stan が簡単に使えます [2]。StataStan については第 7 章で触れます。

§6.10　分析結果の解釈

6.10.1　MCMC の収束のチェック

ベイズ統計ではシミュレーションで計算を行います。ある初期値からはじめて反復計算を行うわけですが，計算が収束しないと，そもそも分析結果が得られません。収束していくとは計算を反復しても値が変化しないようになるということです。つまり，定常分布が得られるということです。

しかし，計算の初めの段階では初期値に大きな影響を受けます。また，収束するにしてもまだ十分とはいえないこともありえます。

そこで最初の方の結果は採用せずに捨ててしまいます。この捨てる期間をバーンイン (burn-in) と呼びます。電気製品などでは部品間を馴染ませ，初期不良を避ける目的で最初に多少の動作時間を確保することをバーンイン，あるいはバーンイン・テストと呼びますが，ここでも同様の意味になります。

ただ，どれくらいの反復数をバーンインとすべきかという明確な指標はありません。シミュレーション計算を何万回行うのか，最初の何割をバーンインとして捨てるのかは研究者が決めなくてはなりません。

実際にはトレースラインと呼ばれるグラフ (横軸を反復，縦軸を乱数) などを検討してほぼ同じ幅の帯状になれば収束したと判断することができます。

同じようにグラフィカルな収束判断基準として累積和プロット (cusum プロット) や自己相関プロットなどもあります。自己相関が小さくなれば前の値に影響されなくなって安定した結果となったと判断することができます。

これらを含めた複数のグラフが Stata では出力できます。

他には収束基準 $\hat{R}$ が「Rhat」というラベルの元に出力され，値が 1.2 ないし 1.1 以下なら収束したと判断します。

計算が収束して得られるのは，従来の統計学のような検定統計量のようなものではありません。ベイズ統計学では分布そのものが得られるからです。

6.10.2　点推定：EPA，MAP，MED

事後分布が得られても既知の分布でない場合には，面積を求めなくては期待値が求められません。そのために MCMC が登場しました。

伝統的な統計学で標本から推定される母数の点推定値である平均値や最頻値，中央値などの代表値はベイズ統計では事後分布から求められます。1 つは EPA と呼ばれ，事後期待値 (expected a posteriori：EPA) の略です。もう 1 つは MAP と呼ばれ事後確率最大値 (maximum a posteriori) の略で，最頻値に相当します。最後は MED で事後中央値 (posterior median) で中央値を推定値にします。分散や標準偏差も分布から計算できます。

---

[2]簡単といっても当然，Stan を知っている必要はあります。

84   第 6 章 ベイズ統計学とは

6.10.3　仮説検定

　ベイズ統計では研究仮説の正しさについても確率的に評価ができます。伝統的な統計学では事前に決められた有意水準の確率からみて棄却されるか否かという判断だけでしたが，実際に研究仮説が正しい確率を求めることができます。

6.10.4　信頼区間と確信区間

　伝統的な統計学で用いられる信頼区間 (confidence interval) に対してベイズ統計で相当するものは確信区間，あるいは信用区間 (credible interval) と呼ばれるものです。

　名前は似ていますが，意味するところは違います。ベイズ統計では得られた値は母数と考えますので，求めたい値そのものが得られたという解釈になります。伝統的な統計学では得られた値は推定値と考え，値が繰り返し得られたならという想定で判断される区間を意味します。

表 6.6: 信頼区間と確信区間

伝統的統計学	ベイズ統計学
信頼区間 (confidence interval)	ベイズ確信区間・信用区間 (Bayesian credible interval)
推定量	母数
同じデータが繰り返し得られたときに推定された値がその区間に入る確率	得られた値がその区間に入る確率
95%信頼区間：その実験で得られた統計量は100 回同じ実験を行った時に 95 回はその区間に入ると期待できる	95%確信区間：その実験で得られた統計量は95%の確率でその区間に入る

6.10.5　モデル比較

　研究者が選択した事前分布によるモデル同士でいずれが良いモデルなのかを比較したい場合があります。

　比較のための基準としては情報量統計量として AIC, BIC, WAIC などが提唱されています (豊田, 2008, 2015)。Stata では分析ごとに計算した結果をそれぞれ保存しておき，メニューの「統計」「ベイジアン分析」「情報量規準」を選択することで DIC や対数化されたベイズファクターなどの統計量を得ることができます。

参考文献

[1] 石黒真木夫・松本隆・乾敏郎・田邊國士 (2004). 統計科学のフロンティア 4 階層ベイズモデルとその周辺. 岩波書店.

[2] 岩波データサイエンス刊行委員会 (編) (2015). 岩波データサイエンス Vol.1. 岩波書店.

[3] 大久保街亜・岡田健介 (2012). 伝えるための心理統計. 勁草書房.

[4] 久保拓弥 (2012). データ解析のための統計モデリング入門. 岩波書店.

[5] 国友直人・山本拓 (監) 北川源一郎・竹村彰通 (編). (2008). 21 世紀の統計科学 III 数理・計算の統計科学. 東京大学出版会.

[6] 小島寛之 (2015). 完全独習 ベイズ統計学入門. ダイヤモンド社.

[7] シャロン・バーチュ・マグレイン (2013). 冨永星 (訳) 異端の統計学ベイズ. 草思社.

[8] Robert, C. and Casella, G. (2011). A short history of Markov chain Monte Carlo: Subjective recollections from incomplete Data. *Statistical Science*, *26* (1), 102–115.

[9] 豊田秀樹 (編著) (2008). マルコフ連鎖モンテカルロ法. 朝倉書店.

[10] 豊田秀樹 (編著) (2015). 基礎からのベイズ統計学. 朝倉書店.

[11] 古谷知之 (2008). ベイズ統計データ分析. 朝倉書店.

[12] Math 工房 (2015). Stata14 コマンド解説書 【基盤系機能編】ベイズ分析機能. Math 工房.

[13] 松原 望 (2010). よくわかる最新ベイズ統計の基本と仕組み. 秀和システム.

[14] 涌井良幸・涌井貞美 (2012). 図解これならわかるベイズ統計学. ナツメ社.

[15] 涌井良幸 (2009). 道具としてのベイズ統計. 日本実業出版社.

第7章

ベイズ型メタ分析

第6章でベイズ統計学を解説しました。従来の統計学とは発想がかなり異なるため、いきなりベイズ型のメタ分析を導入することはできなかったためです。

では、ベイズ統計はメタ分析にどう利用できるのでしょうか。

第3章で固定効果モデルや変量効果モデルは解説しました。固定効果モデルではすべてのケース (研究) は同じ効果を持つという仮定で分析を行いました。変量効果モデルではケース (研究) ごとに効果の大きさに異なる変動を許容しました。それは個々の研究の行われた時間の違いや被験者差、地域差や実験手続きの微妙な差などです。言い換えると、研究ごとの個性を認めるということです。

とはいえ、これは研究がまったく異なってよいという意味ではありません。お互いはまったく同じではないものの、似ているということです。変動は認めるが、異なる理由 (要因) がないという意味で、このことを交換可能と呼びます。

ベイズ統計ではこの変量効果モデルにさらに情報を盛り込むことができます。それは、その階層の1つ下に仮定を入れたモデルであり、階層ベイズモデルと呼ばれるものです。

変量効果モデルでは研究ごとの効果の大きさが異なることを認めましたが、それでも、個々の研究で効果は決まった値になると考えています。その値がさらに根底にある分布に従う確率的な値とは考えていません。

ベイズ統計では、変量効果のさらに前に別な分布を仮定して、変量効果自体も事前分布から導き出される確率変数とみなすことができるのです。

これを整理すると表7.1のようになります。

ここでは違いを明らかにするために3つを独立に示しましたが、階層ベイズモデルとは変量効果モデルの一種とみなすこともできます。

ここまでの考えだと、ベイズ統計を利用すると分析者の自由度が高まり、通常のメタ分析よりもよいような気がします。確かにベイズの利点は主観的な情報も事前分布として分析に取り込め、それを更新していけることです。しかし、これは諸刃の剣で事前分布をどう想定するのか、その妥当性はという問題が常につきまといます。伝統的な統計学は、その問題を排除するかわりに自由を失ったといえるかもしれません。

どの立場で、どう分析するのかは結局、分析者の判断です。固定効果モデルが適切なのか、変量効果モデルが適切なのか、あるいはベイズモデルが適切なのかはデータの性質と研究者が持つその分野の固有知識によるのです。

ベイズによる統計分析を行うには MCMC のプログラムが必要です。ここでは3つの方法を紹介します。(1)Stata のメトロポリス・ヘイスティング法 (MH) を利用したベイジアン分析、ハミルトニアン・モンテカルロ法 (HMC) を利用した Stan による2つの方法、(2) 統計解析言語 R を利用する RStan と (3)Stata から Stan を利用する StataStan です。

88　第 7 章 ベイズ型メタ分析

表 7.1: モデルの違い

固定効果モデル	どの研究も本当は効果は同じ。あるのは標本誤差のみ。同一の固定された母集団から抽出された。	データ ＝ 効果 ＋ 標本誤差
変量効果モデル	研究ごとの違いも認める。抽出された母集団に変動を認める。研究ごとの違いを決める値は決まった固定された値。	データ ＝ 効果 ＋ 研究の違いの効果 ＋ 標本誤差
階層ベイズモデル	研究ごとの違いも認める。抽出された母集団に変動を認める。研究ごとの違いを決める値も確率的に決められる。	データ ＝ 効果 ＋ 研究の違いの効果 ＋ 標本誤差　研究の効果の違いを決める値は決まった固定値ではなく，事前分布に従った確率的な値。

　MCMC のそれぞれのプログラムには収束までの計算時間や収束のしやすさ，プログラミングの柔軟さやユーザーインターフェースなどで違いがありますが，どちらかというと専門的な話になるので，ここでは触れません。

　3 つのうちで一番利用しやすいのは Stata のベイジアン分析でしょう。よくある統計解析ソフトのようにメニューからマウスで選択していけば分析が完了するからです。一方，Stata のベイジアン分析よりも柔軟な分析をしたければ StataStan を利用すればよいでしょう。Stata 上で Stan を利用できます。得られた結果の表示やプロットも Stata の機能がそのまま使えます。なお，Stata のベイズ型ではないメタ分析については第 12 章で触れています。

　R は通常の統計解析ソフトのようにメニューから選択していくわけにはいきません。どちらかというと数的処理ソフトに近い画面になります。すでに R に習熟している人は RStan を使えばよいでしょう。いろいろ試行錯誤したり，勉強する必要はありますが，何も購入しなくてもよいという利点があります。

§ 7.1　分析例

　ここでは 10 の研究について効果量とその標準誤差が得られたと想定した仮想例を分析してみましょう。効果量は effect size から es とし，標準誤差は standard error から se とします。

　効果量は条件間の平均値の差を標準化したものでもよいですし，オッズ比，あるいは相関係数や相関係数を修正した値ということもあるでしょう。いずれにせよ，これらの効果量には互換性があるので相互の値に変換可能です。したがって，効果量であれば，どれでもかまいません。ただし，もとのデータから効果量に変換する際の標準化や修正にはいろいろ提唱されている異なる方法があります。

表 7.2: 分析例

No	人数 (N)	効果量 (es)	標準誤差 (se)
1	100	4.78	1.12
2	68	3.29	2.13
3	123	12.39	0.70
4	140	1.93	1.02
5	150	-5.49	0.85
6	36	0.75	2.00
7	85	-7.14	0.54
8	185	-0.56	1.33
9	135	8.39	1.09
10	59	9.13	1.10

§7.2 Stataによるベイズ分析

7.2.1 Stata による変量効果のベイズ分析例

Stata で分析するためにデータを入力します。メニューの「ファイル」→「インポート」から Excel ファイルや csv ファイル，テキストデータが読み込めます。データは同じ表 7.2 とします。なお，第 12 章に Stata で通常のメタ分析を行う場合も書いてありますので参考にしてください。コマンドラインから次のように入力します。

```
fvset base none No
```

「fvset base none 変数名」は比較基準となる特定の研究がないことを指示しています。これを入れないと最小値の研究 (ここでは変数 No の一番小さい値の研究) が基準と扱われて他と比較するという意味になってしまい，出力でその研究が省略されて表示されてしまいます。

メニューの「統計」→「ベイジアン分析」→「推定」を選びます。「モデル」タブの構文で「一変量線形モデル」，従属変数に効果量の変数「es」，独立変数の右の「...」ボタンを押して，変数の種類を「因子変数」，設定を「主効果」，変数に「No」，基底に「default」を選択します。「varlist に追加」ボタンを押すと，varlist(変数リスト) に「i.No」が入ります。「OK」を押して，「定数項を利用しない」にチェックを入れます。

次に「尤度モデル」で正規分布を選択し，分散の作成ボタンを押します。データは標準誤差で分散ではないので「正規表現またはパラメータを含む式で指定する」にチェックを入れて「作成」ボタンを押します。カテゴリから「Variables」を選択して「se」を選び，数式ビルダのボックスに「se * se」として分散を指定します。

「OK」ボタンを押したら，事前分布を指定します。「モデルパラメータの事前分布」で「作成」ボタンを押します。「パラメータ設定」で下向きの三角を押すと候補の変数が出てきます。「{es:ibn.No}」を選択します。事前分布に正規分布を選び，平均の「作成」ボタンを押します。「モデルパラメータとして指定する」にチェックを入れて，共通効果変数の任意の名前，ここでは「mu」

90   第 7 章 ベイズ型メタ分析

と入力します。同様にして分散には「*sigma*2」と入力します。

```
 bayesmh es i.No, noconstant likelihood(normal(( se * se ))) prior({es:ibn.No},
> normal({mu},{sigma2})) prior({mu}, uniform(-20,20)) prior({sigma2}, uniform(0,255))
> mcmcsize(10000) burnin(2500) rseed(3608)

Model summary
------------------------------------------------------------------------------
Likelihood:
  es ~ normal(xb_es,se * se)

Prior:
  {es:i.No} ~ normal({mu},{sigma2})                                          (1)

Hyperpriors:
      {mu} ~ uniform(-20,20)
  {sigma2} ~ uniform(0,255)
------------------------------------------------------------------------------
(1) Parameters are elements of the linear form xb_es.


Bayesian normal regression                      MCMC iterations    =    125,000
Random-walk Metropolis-Hastings sampling        Burn-in            =     25,000
                                                MCMC sample size   =    100,000
                                                Number of obs      =         10
                                                Acceptance rate    =      .3015
                                                Efficiency:  min   =    .001138
                                                             avg   =    .004113
Log marginal likelihood = -37.203596                         max   =     .01038


------------------------------------------------------------------------------
             |                                             Equal-tailed
             |     Mean    Std. Dev.    MCSE     Median  [95% Cred. Interval]
-------------+----------------------------------------------------------------
es           |
         No  |
          1  | 4.552157   1.071207   .057483    4.55217   2.462758   6.631478
          2  | 4.074536   2.11026    .162397   4.155958  -.3118952   8.032223
          3  | 12.31951   .6869588   .051441   12.28641   10.97229   13.68866
             |                          ...
         10  | 8.917662   1.075964    .04781    8.92227    6.81272   11.01157
-------------+----------------------------------------------------------------
         mu  | 3.007985   1.950397   .094248   2.942505   -.717406    7.02037
     sigma2  | 32.99981   11.76628   1.10279   30.07244   16.53766   58.21267
------------------------------------------------------------------------------
Note: There is a high autocorrelation after 500 lags.
```

§ 7.3   RStan によるベイズ型メタ分析

R に関しては，非常に多くの書籍が出ているのでインストール等については詳述しません。Stan
を使うためには R と Rtools, RStudio をダウンロードしてインストールしておくとよいでしょう。
RStan とは R から Stan を使うためのインターフェースです。

7.3. RSTAN によるベイズ型メタ分析　　91

7.3.1　RStan による固定効果のベイズ分析例

　RStan を利用するためには R のインストール，Rtools のインストールが必要になります。現実的には RStudio のインストールも必要でしょう。RStudio は R を使いやすくする統合環境のようなプログラムです。ここでは RStudio を利用した場合を示します。最初にコンソールから次のように打ち込んで RStan を読み込んでおきます。続けて，必須ではありませんが，プロット用の shinystan も読み込んでおきましょう。

```
> library(rstan)
> library(shinystan)
```

　次にデータの読み込みですが，普通の統計ソフトのような表計算風の画面はありません。データの読み込み方はいろいろ用意されていますが，ここでは csv ファイルから読み込むとします。csv ファイルなら Excel からそのまま保存形式を指定すればできます。1 行目は変数，あとは数値データにしておきます。表 7.2 のデータなら，数値をカンマ区切りにして保存しておきます。ここでは「data.txt」として c ドライブの「c:/doc/stan/」というディレクトリに保存しておいたとします。RStudio のコンソール画面に次のように打ち込みます[1]。

```
> data <- read.csv(file='c:/doc/stan/data.txt')
> view(data)
> data4ana <- list(N=data$N, es=data$es, se=data$se)
```

　1 行目でテキストデータを読み込み，data という名前をつけて R に渡します。view( ) でデータを確認できます。3 行目で data にある変数の N と es，se を抜き出して任意の名前である data4ana に渡しています。これで分析のためのデータは揃いました。

　次に Stan のコードを書いたファイルを準備します。これはエディタなどでテキストファイルとして用意します。Stan のコードを書くときの簡単な規則は，1) コメント文は「//」で始める，文末は「;」で終える，インデントを適切に入れて見やすくする，データの頭文字は大文字で，パラメータは頭文字は小文字で示す，データの設定で整数は int，実数は real，最小値・最大値は <lower=xxx><upper=xxx> で示す，何かの分布に従うは「~」で示すというぐらいを押さえておけばよいでしょう。あとは配列を扱う場合に，「for (n in 1:10) y[n]　normal(mu, se[n]);」というように for が使えます。よくあるプログラミング言語の for と同じ繰り返し文で n を 1 から 10 まで変化させるという意味です。ただ，Stan はベクトルとしてデータを扱えるので配列の表現を使わなくてもよい場面がよくあります。

　Stan の詳細については松浦 (2016) がわかりやすいでしょう。また，豊田 (2015) には付録に Stan の概要とコード例があります。網羅的に知るには Stan-ja チームのリファレンスガイドが PDF としてネットで入手できます。

　Stan は以下の 5 つのステップからなり，上から順に処理されます。ただし，3)transformed parameters と 5)generated quantities はなくても動きます。3) は四則演算や関数を利用して変数の加工をするステップです。5)generated quantities はサンプリングされたデータからさらに変数を加工したい場合に使うものになります。

---

　[1]ここで若干戸惑うことがあるかもしれません。ディレクトリの区切り記号が Windows では「¥」で「\」となるのですが，これだとエラーになります。キーボードから「/」を探して打つか，「¥¥」と二度打ちしてください。

92   第 7 章 ベイズ型メタ分析

1. データ設定: data { }

2. 推定すべきパラメータの設定: parameters { }

3. 変数の生成・加工: transformed parameters { }

4. モデルの指定: model { }

5. サンプリングから変数の生成・加工: generated quantities { }

具体的にコードを示して，解読した方が理解しやすいので固定モデルのコード例を示します。

```
// データ設定
data {
  real es[10];
  real <lower=0> se[10];
}

// 推定パラメータの設定
parameters {
  real mu; // 共通効果
}

// モデルの指定
model {
    es ~ normal(mu, se);  // 正規分布に従う
}
```

　ここで研究の数は 10 なので配列に 10 を指定しています。また，効果量と標準誤差は実数なので real で定義し，標準誤差は負の値はとらないので <lower=0> と下限値を指定しています。推定したいのは共通した効果量であり，mu と名付けています。モデルの指定では「～normal(mu, se)」としていますが，平均 mu，標準偏差 se の正規分布に従うと指定していることになります。Stan ではベクトルとして変数を扱えるので，このように簡単に表記できます。

　このモデルの表現を見れば，それぞれの研究の効果量 es[n] が共通の効果 mu とそれぞれの研究の標準誤差 se[n] からなる正規分布から抽出されたものであることをまさしく表現していることがわかると思います。

　この Stan のコードを，例えば「MyStanFixed.stan」と名前をつけてフォルダ「c:/doc/stan」に保存したとします。RStan のコンソールから次のように打ち込みます。最後の seed は乱数発生のための値です。適当な値を指定できますが，この値が同じであれば同じ乱数が発生されますので結果の再現性を確認したい場合に利用できます。

```
> fit <- stan(file='c:/doc/stan/MyStanFixed.stan',data=data4ana, seed=3608)
```

しばらく待つと反復計算結果が出力されますので次のように打ち込みます。

```
> fit
```

　これで結果が出力されます。Rhat の値は 1.00 なので収束していると判断し，mu の平均値をみると 1.24 となっていることがわかります。lp は対数事後確率で事後確率の対数をとったものです。

7.3. RSTAN によるベイズ型メタ分析　　93

```
Inference for Stan model: MyStanFixed.
4 chains, each with iter=2000; warmup=1000; thin=1;
post-warmup draws per chain=1000, total post-warmup draws=4000.

        mean $se_mean$  sd     2.5%      25%      50%      75%    97.5% n_eff Rhat
mu      1.24     0.01 0.30     0.64     1.03     1.24     1.45     1.83 2476   1
lp_  -333.01     0.02 0.73  -335.10  -333.19  -332.74  -332.54  -332.49 1873   1
```

　次のように打ち込むと，shinystan によって収束判断のためのグラフをブラウザに表示することができます。

```
> launch_shinystan(fit)
```

7.3.2　RStan による変量効果のベイズ分析例

　固定効果モデルでは効果量は真の効果量 mu と標本誤差 e_i で表現されました。

$$se_i = mu + e_i \tag{7.1}$$

　それに対して変量効果モデルでは研究間の違い (d_i) も認めますので，次のような式になります。

$$se_i = mu + d_i + e_i \tag{7.2}$$

固定効果モデルと同様，知りたいのは mu です。ここでは固定効果モデルも変量効果モデルも mu と表現していますが，値は当然違ってきます。

```
// データ設定
data {
  real es[10];
  real <lower=0> se[10];
}

// 推定パラメータの設定
parameters {
  real d[10]; // 各研究効果
  real<lower=0> sigma[10]; //各研究効果の偏差
  real mu; // 共通効果
}
// モデルの指定
model {
  mu ~ uniform(-20,20);
  d ~ normal(mu, sigma);
  sigma ~ uniform(0,15);
  es ~ normal(d, se);
}
```

　ここで共通効果 mu は無情報なので一様分布で -20 から $+20$ の範囲としています。また，各研究ごとの違いはdとして平均 mu，標準偏差 $sigma$ の正規分布に従うとしています。標準偏差は負の値をとらないので sigma については<lower=0>の制約をかけています。標準偏差の分布については逆ガンマ分布が利用されることが多かったのですが，問題点も指摘されており，一様分布や半 t 分布が望ましいようです (松浦, 2016, pp.186–187)。ここでは 0 から $+15$ の一様分布を使ってみます。

94   第 7 章 ベイズ型メタ分析

```
Inference for Stan model: MyStun.
4 chains, each with iter=2000; warmup=1000; thin=1;
post-warmup draws per chain=1000, total post-warmup draws=4000.
```

	mean	se_mean	sd	2.5%	25%	50%	75%	97.5%	n_eff	Rhat
d[1]	4.82	0.22	1.15	2.74	4.02	4.71	5.55	7.39	27	1.08
d[2]	3.36	0.42	2.10	-0.54	1.90	3.32	4.71	7.62	25	1.15
d[3]	12.40	0.08	0.73	10.86	11.98	12.41	12.91	13.74	91	1.07
			...							
sigma[9]	7.84	0.79	3.83	0.94	4.90	7.75	10.95	14.55	23	1.16
sigma[10]	7.80	0.79	4.01	1.50	4.17	7.60	11.29	14.65	25	1.12
mu	3.79	0.61	2.50	-0.51	1.87	3.76	5.55	8.55	17	1.18
lp__	-9.00	0.29	2.64	-14.60	-10.66	-8.77	-7.11	-4.52	85	1.05

今度は各研究の効果も出力されていることがわかります。

§ 7.4　StataStan によるベイズ型メタ分析

StataStan は Stata から Stan を利用するためのインターフェースプログラムです。Cmdstan というインターフェースに載って動作するため，最初に Cmdstan をインストールする必要があります。stan の HP から「Get Started」の「select a Stan interface」をクリックして「Cmdstan」を選択します。

「Download and Get Started」と書かれた HP ページから「CmdStan 2.14.0 [zip] (GitHub)」を選択して zip ファイルをダウンロードし，解凍します。ここでは「c:/」に直に「c:/CmdStan2.14.0/」とディレクトリを作成して解凍したとします[2]。

Cmdstan を選択した Stan の HP で同じく StataStan もダウンロードできます。やはり「Download and Get Started」から StataStan ホームページに行き，「Clone or Download」ボタンを押して「Download ZIP」を選択すれば「statastan-master.zip」がダウンロードできます。

ただ，Stata からはもっと簡単にインストールも可能です。Stata のコマンドラインから次のように打ち込むだけです。

```
ssc install stan
ssc install windowsmonitor
```

これにより，the Boston College Archive の Statistical Software Components (SSC) からプログラムをインストールできます。

まず，stan.ado と stan.sthlp，windowsmonitor.ado，windowsmonitor.sthlp の 4 つのファイルを「c:/ado/personal」ディレクトリにコピーしておきます。このディレクトリは Stata が自動的に作成してあるはずですが，見当たらない場合にはコマンドラインから「sysdir」と打ち込めば確認できます。

ダウンロードするファイルの中に stan-example.do というサンプルファイルがあります。そこで 4 通りの実行方法が記述されていますので，それを参考にするのがよいでしょう。

stan ファイルは RStan で利用したものと同じテキストファイルです。ここでは変量効果のモデルを「MyStan.stan」という名前で「c:/doc/stan/」に保存しておいたとします。

---

[2]CmdStan のバージョンが上がれば，後に続く数字は変わります。

```
// データ設定
data {
  real es[10];
  real <lower=0> se[10];
}
// 推定パラメータの設定
parameters {
  real d[10]; // 各研究効果
  real<lower=0> sigma[10]; //各研究効果の偏差
  real mu; // 共通効果
}
// モデルの指定
model {
  mu ~ uniform(-20,20);
  d ~ normal(mu, sigma);
  sigma ~ uniform(0,15);
  es ~ normal(d, se);
}
```

　データは Stata で普通に作成して読み込んでおきます。変数としては No, N, es, se の 4 つです。
Mystan.stan の中のデータ設定で利用している変数は es と se の 2 だけなので，「stan」のあとに
並べる変数リストはこの 2 つだけです。modelfile の中に Stan ファイルを指定します。あとはそ
のままでよいでしょう。

　Stata のコマンドから次のように打ち込めば計算が行われます。

```
. stan es se, modelfile("c:/doc/stan/MyStan.stan") cmd("$cmdstandir")
  globals("N") load mode
```

　計算結果はそのまま Stata の変数として扱えるので，Stata の多彩な機能が使えるという利点
があります。

参考文献

[1] Grant, R. L., Carpenter, B., Furr, D. C. D., & Gelman, A. (2017). Introducing the StataStan interface for fast, complex Bayesian modeling using Stan. *The Stata Journal*, *17* (2), 330–342.

[2] Math 工房 (2015). Stata14 コマンド解説書 【基盤系機能編】ベイズ分析機能. Math 工房.

[3] 松浦健太郎 (著) 石田基広 (監修) (2016). Stan と R でベイズ統計モデリング. 共立出版.

[4] Palmer, T. M., & Strne, J. A. C.(Eds.) (2016). *Meta-Analysis in Stata: An updated collection from the Stata Journal*(2nd ed.). Stata Press.

[5] Stan Development Team. *Stan Modeling Language User's Guide and Reference Manual.* (http://mc-stan.org/documentation/) (Stan-ja チーム (訳). Stan モデリング言語：ユーザーガイド・リファレンスマニュアル.)(https://github.com/stan-ja/stan-ja)

[6] Stangl, D. K., & Berry, D. A. (2000). *Meta-Analysis in Medicine and Health Policy.* New York Marcel Dekker.

[7] Sutton, A. J., Abrams, K. R., Jones, D. R., Aheldon, T. A., & Song, F. (2000). *Methods for Meta-Analysis in Medical Research.* Chichester, UK: John Wiley & Sons.

[8] 丹後俊郎 (2002). メタ・アナリシス入門. 朝倉書店.

[9] 丹後俊郎・Taeko Becque (2011). ベイジアン統計解析の実際. 朝倉書店.

[10] 豊田秀樹 (編著) (2015). 基礎からのベイズ統計学. 朝倉書店.

[11] 豊田秀樹 (編著) (2008). マルコフ連鎖モンテカルロ法. 朝倉書店.

[12] Welton, N. J., Sutton, A.J., Cooper, N.J., Abrams, K. R., & Ades, A.E. (2012). *Evidence Synthesis for Decision Making in Healthcare.* New York, NY: Wiley.

第8章

メタ分析の流れの実際 —メタ認知と学習成績の関係を調べる—

　本章では，メタ分析全般の進め方を既存の研究を例にとって解説していきます。図 8.1 に大まかなメタ分析研究の流れについてまとめました。本章では，筆者が過去に行った研究 (Ohtani & Hisasaka, 2016) を具体的な研究例として，これをもとに話を進めていきます。この研究では，メタ認知と学習成績の関連が検討されました。メタ認知とは，認知に対する認知のことであり，学習を進めるうえで重要な概念だと考えられています。例えば，学習を進めながら，しっかり理解できているか自分の認知状態をモニターしたり，もし理解が不十分ならテキストを読み直したり，記憶の仕方を変えたり学習方略を調整したりします。こうしたメタ認知がどの程度学習成績と関係があるのかを調べることを目的としました。

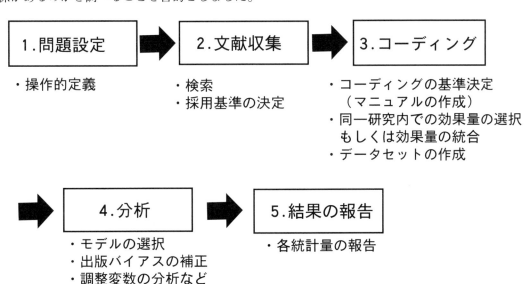

図 8.1: メタ分析の大まかな流れ

§ 8.1　問題設定

8.1.1　操作的定義

　メタ分析を始めるにあたり，まず問題設定を行う必要があります。そこで気をつけたいのが扱う概念の操作的定義です。心理学では，「構成概念」をよく扱いますが，同じ構成概念を扱っていても研究によってその定義が微妙に違ったり，測定する尺度が違ったりします。メタ分析ではこの

ような差異も含め，その効果量の平均値や分散を推定するため，まったく同じ手法の研究同士を統合するということは稀です。むしろ，テーマをある程度広く捉えた研究が多いと考えられます。

では，どこからどこまでを分析に含めるべきなのでしょうか。それは，明らかにしたい仮説と概念の操作的定義をどのように捉えるかによって異なります。例えば，メタ認知と国語の成績の相関係数を報告している研究と，メタ認知と数学の成績との相関係数を報告している研究とがあるとします。もし，国語の成績について効果量を統合するのが目的であれば，国語の成績との相関係数のみを選び分析する必要があるでしょう。一方，目的が"学業成績"について明らかにするというのであれば，両方を含むべきです。このことについて，よくリンゴとミカンの比喩が用いられます。つまり，リンゴとミカンはまったく別の果物ですが，"果物"というくくりでは，同じものということになります。操作的定義については，8.3 節のコーディングのセクションで改めて取り上げます。

> **研究例**
>
> 筆者の研究では，メタ認知という構成概念と成績の指標を扱っています。メタ認知は，いろいろと細かいカテゴリやさまざまな呼び方があり，その例を挙げると，メタ認知的知識，メタ認知的活動，メタ認知的スキルなどです (図 8.2)。メタ認知はこれらをすべて包括する概念として定義されています。
>
> また，成績の指標についても，中間テストや期末テストの成績，GPA などいわゆる学業成績から，実験室での課題のパフォーマンスまで含まれます。これらを包括する呼び方として，学習成績という用語を用いました。

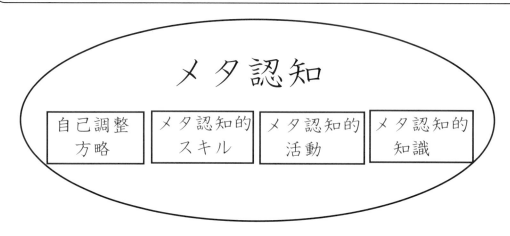

図 8.2: メタ分析に含めた概念

8.1.2 魅力的な問題設定

他の研究と同じようにメタ分析の研究についても，その知見がもたらす研究上の意義や社会的意義を主張する魅力的な問題設定ができるとより良いと考えられます。A という変数と B という変数の相関係数についてメタ分析を行うといった研究の場合，単に母集団における効果量 (ここ

では相関係数) を推定するだけでは，文献収集の手間はかかるのに，論文としてはかなりあっさりした報告に終わってしまうかもしれません。心理学に特有の変数についてのメタ分析は，問題設定が魅力的でないと引用文献のみ多く，かなり単調なものになる印象をもちます。

国内の研究における研究上の意義をもつ良い例の 1 つとして，岡田 (2009) が挙げられます。岡田 (2009) では，自己愛と自尊心の関係について相関係数のメタ分析を行っています。これだけだと単調な報告になってしまうのですが，ソシオメーター理論という自尊心の理論を用いて問題設定と結果の解釈を行っています。ソシオメーター理論とは，自尊心は他者からの承認のバロメータ，すなわち自尊心の高さは，他者から認められることである程度決まるというものです。自己愛と自尊心はどちらも自己に関する構成概念なのですが，理論の裏打ちがあるので問題設定や考察が興味深いものになっています。そして，メタ分析の結果，両者の関係はそれほど高くないことを報告しています。つまり，自己愛が高い者は，対人関係に問題を抱えやすく (人を遠ざける)，そのため自尊心が低下してしまうというものです。

さらに社会的意義について，医学系の研究や教育心理学関係の研究では，ある処遇や教育的介入の効果をメタ分析することがあります。こうした研究は，その処遇の効果を知ること自体に社会的，実践的意義があり，興味深い結果を提供すると考えられます。

研究例

筆者の研究では，メタ認知と成績の相関係数を推定することを目的としています。メタ認知を扱った研究は多く行われているものの，報告される相関係数の値は研究によってはかなり低いものもあります。教育実践上メタ認知は重要視されるものの，成績と関連がないのであれば実践が無駄になってしまいかねません。一方で高い相関係数を報告している研究もあり，どういった要因がこのばらつきを説明するのかといった調整変数の分析を行うことも目的としていました。こうしたことを明らかにできれば，教育実践上興味深い知見を提供できると考えられます。

また，筆者の行った別の研究 (大谷・三宮, 2015) では，メタ認知と学習成績との関係について知能を統制したうえで検討しています。メタ認知と成績の関係を扱った研究については，知能とそれぞれの変数の関連についても報告しているものもあります。3 つの変数間の相関係数とそれぞれのサンプルサイズがわかれば，メタ分析の構造方程式モデリング (第 5 章参照) を用いることで，知能を統制したうえでの，メタ認知と成績の関連 (もしくは，成績に対する影響) を推定することができます。先述したメタ認知の説明を読んでもわかるように，これはいかにも頭の良さそうな人の勉強の進め方 (あるいは頭の使い方) のように思えます。もしもメタ認知の使用が知能の高い者に限定されるならば，メタ認知を簡単に高めることは困難であると考えられます。つまり，教育上メタ認知に着目する意義が薄れてしまいます。このような問題意識から，メタ認知と知能にはどれだけ関連があるのか調べられました。

8.1.3 分析に必要な研究数

実際にメタ分析を始めるうえで気になる問題として，分析に必要な研究数が挙げられるでしょう。ただし，分析に必要な研究数について言及するのは少し難しい側面があります。それは，研

100　　第 8 章 メタ分析の流れの実際－メタ認知と学習成績の関係を調べる－

究の目的やそれに付随するモデルによって考え方が異なるからです。例えば，固定効果モデルを用いる場合，極端な話，2 本論文があれば分析自体は可能です。同じ論文内で複数の研究を行った場合，最後にそれらの結果を統合した値が報告されることがあります (例えば，Murayama & Elliot, 2011)。これは，同じ方法，同じ研究者によるものなので，値の変動はサンプリングの誤差によるものと考えられるからです。そして，1 つの研究よりも 2 つの研究の方が推定の精度が上がります。一方で，変量効果モデルだと，効果量のばらつきがどの程度あるのか，すなわち研究間分散 (τ^2) の推定が重要になります。変量効果モデルを用いる場合は，2 つの研究では実施できません。3 つ以上なら計算自体はできますが，その程度の本数ではたして安定した分散の推定が可能と言えるでしょうか。上の例のように同じ論文・研究内で 2，3 個程度の効果量を統合する以外の場合は，変量効果モデルを用い，ある程度多くの研究を含めるのがよいと考えられます。

　また，統計学上の問題ではありませんが，メタ分析を計画する際に，分析に含むことが予想される研究数も "ある程度" 考慮に入れ，問題設定する必要があると考えられます。研究数が多すぎる場合 (例えば，1000 以上の研究を含むなど)，実行できればすばらしいのですが，膨大なコストがかかるため現実的ではないかもしれません。

研究例

　筆者の研究では，メタ認知を表すキーワードとして "metacognition"，"metacognitive skill"，"metacognitive awareness"，"self-regulated learning"，"self-regulated learning strategies"，"MSLQ"，"MAI"，"LASSI" などを用いました。

　MSLQ，MAI，LASSI はメタ認知 (あるいはその一部) を測定する質問紙です。

　また，学習成績を表すキーワードとして，"academic achievement"，"academic performance" を設定しました。

　データベースについては，Psych INFO，Web of Science を用いて検索しました。なお，他にも ERIC や Google Scholar などのデータベースが心理学系の論文ではよく用いられます。

　検索は，上記のキーワードについて，複数の組み合わせを用いて調べました。ちなみに，(1)("academic performance" OR "academic achievement") AND ("self-regulated learning" OR "learning strategies" OR "metacognition" OR "metacognitive awareness" OR "metacognitive skill") AND ("academic achievement" OR "academic performance") で検索すると，1,044 本の論文がヒットしました。(2)("academic performance" OR "academic achievement") AND ("self-regulated learning" OR "learning strategies" OR "MSLQ" OR "MAI") AND ("metacognition" OR "metacognitive skill") で検索すると 96 本の論文がヒットしました。結果，その研究で分析に含めるサンプルは合計 97 個の研究 ($N = 359,076$) でした。

---

§ 8.2　文献収集

8.2.1　文献検索

　文献検索は，複数のデータベースを用い，関連する語を組み合わせて行います (第 2 章，第 9 章も参照)。ヒットしたリストの中からアブストラクトを読み，関係がありそうな論文をすべて取

り寄せます。その際，そこに引用されている論文にも目を通し，抽出したい効果量が報告されていそうなものも必要であれば取り寄せます。

8.2.2　採用の基準の決定

　採用する論文について，あらかじめ一定の基準を設けておくことが望ましいと考えられます。これは研究の目的に大きく左右されるので，一概には言えませんが，例えば，特定の効果量 (例えば，相関係数) を報告しているもの，特定の発達段階 (例えば，青年期) のサンプルの結果を報告しているもの，英語で書かれているもの，特定の尺度を使用しているものなどさまざまな基準が考えられます。

> ─ 研究例 ─
>
> 　筆者の研究では，
> 1) メタ認知と学習成績について，効果量 (相関係数) とサンプルサイズを報告していること
> 2) メタ認知について，メタ認知としてきちんと定義の記述がなされていること (単に，深い方略などの表記のものは採用しない)
> 3) 知的な障害や発達障害などがなく一般的なサンプルであること
> 4) 英語で書かれた査読付き論文であること
> などを採用の基準としました。

§ 8.3　研究のコーディング

　研究のコーディングは，第 10 章の調整変数の分析や混合効果モデルと関係があり，効果量の大きさが特定の研究によって左右されることが予想される場合やその確認のために行います。したがって，何をコーディングすべきかは，操作的定義や研究仮説とも密接に関連します。また，収集した文献に目を通している段階で考慮に入れるべき変数が目に付くことも十分にありえます。

　コーディングの対象の例として，研究が行われた年代，サンプルの男女の割合，論文の査読の有無などがありえます。実施する際には，コーディングのルールを書いたマニュアルを作成することが望ましいでしょう。特に研究を複数の共同研究者と遂行する場合，明文化されたマニュアルは必要です。なお，コーディングにおける詳細は山田・井上 (2012) の第 4 章に紹介されているので併せてご参照ください。

　操作的定義の扱いとコーディングについて，以下の 3 つのアプローチがあります (Lipsey, 2009; 山田・井上, 2012)。

1) **すべての概念について操作的定義の差異を区別しない**

　　これは，ある概念を用いた研究であれば，その操作的定義の違いを考慮に入れずにすべて効果量を抽出するというものです。例えば，学業成績についてのメタ分析ならば，成績の領域や種類にはこだわらず，得られた効果量を統合します。

2) **特定の操作的定義にのみ着目し効果量を抽出する**

　　ある概念でも複数の操作的定義が存在することが一般的です。そのなかでもある特定の操作

的定義や手法，あるいは尺度を用いた研究で報告された操作的定義のみ抽出するアプローチです。研究数があまりにも多い概念を扱う際には研究を限定するという意味で有効ですが，それと同時に結果の一般化を妨げるというデメリットとなるかもしれません。例えば，岡田(2009) では，自己愛について特定の尺度 (NPI) を用いた研究のみを抽出しています。

3) すべての研究の効果量を抽出するが，操作的定義の違いをコーディングする

すべての研究の効果量を抽出しつつも，操作的定義や手法，あるいは尺度の違いをコーディングするというアプローチです。1) と 2) の中間に位置すると考えることができます。村山と Elliot(Murayama & Elliot, 2012) は，競争とパフォーマンスの関係について膨大な研究をメタ分析により統合しています。この研究では，競争について (1) 特性的競争性 (個人の競争志向性)，(2) 競争の知覚 (個人が当該環境を競争的か知覚する程度)，(3) 構造的競争 (実験操作により，競争を操作する) に分けてコーディングしています。そして，それぞれでパフォーマンスとの関連を検討した後に，それらを統合した全体の効果量を算出しています。

研究例

筆者の研究では，
1) メタ認知の測定方法
2) 成績の指標の種類
　についてコーディングしました。1) のメタ認知の測定方法は，オンライン法とオフライン法に大別しました。オンライン法とは，課題遂行中のメタ認知を捉える手法です。例えば，思考課題を与え，そのときに頭に浮かんだことをすべて声に出してもらう発話思考法があります。発話思考法では，得られた発話の中に含まれるメタ認知的な発言の個数や質が評価されます。オフライン法とは，質問紙などのように課題に取り組んでいないときに，自分の認知過程を評価する方法です。また，2) の成績の指標は，学校の試験 (定期試験) や GPA なのか，実験課題の成績なのかをコーディングしました (表 8.1 参照)。

8.3.1　同一の研究内の複数の効果量の扱い

効果量の計算において，論文 (あるいは研究) によっては複数の効果量を報告している場合があります。例えば，メタ認知と国語の成績，理科の成績の相関係数などを 1 つの研究の中で同時に報告しているものです。こうした場合，研究同士の独立性の問題から，複数の効果量を同時に抽出することができません。こうした場合には，2 つのアプローチがあります。どちらを選択するかは操作的定義や研究仮説とも密接に関わるのであらかじめ基準を明確にしておくことが必要です。

1) 効果量同士の平均をとる
2) 1 つの研究を選択する

1) については，1 つの論文内で報告された効果量の平均値をとります。ただし，第 3 章で主に紹介した Hedges 流 (Hedges & Olkin, 1985) のメタ分析を用い，相関係数を統合する場合には，各相関係数を Z 変換した相関係数同士の平均をとる必要があります。そして，Z 変換した相関係数の平均値を逆変換し，もとの単位に戻すことを忘れないようにしましょう。

2) については，複数の効果量から1つを選択するのですが，その選択について基準を設ける必要があります。例えば，ランダムにどれか1つを報告するという方法もありかもしれません。また，操作的定義が代表的な指標における効果量のみを選択することも考えられます。例えば，ある変数と「成績」の相関係数について，成績の指標として「自己報告の成績」，「実際のテストの成績」の2つが報告されているとします。この場合 (問題設定にもよりますが)，実際のテストの成績の方が成績の指標として一般的なため，「実際のテストの成績」との相関係数を選択することが妥当と考えられます。

8.3.2 研究のデータセットの作成

なお，データ入力は，エクセルなどの表計算ソフトに表8.1のように入力します (データは架空のものです)。あくまで一例なので，自身が扱いやすいように適宜工夫することがよいと思われます。一番左のセルから研究 ID，著者，出版年，効果量 (相関係数)，メタ認知測定方法，成績指標となっています。ただし，このデータセットは直接分析に用いることはできません。なぜなら，研究によっては複数の効果量が報告されており，データの独立性が保障されていないからです。そこで，効果量の統合あるいは取捨選択を行います。この時のルールを前もって決めておくことが大切です。

表 8.1: メタ分析に含める研究のデータセット

研究 ID	著者	出版年	出典	N	相関係数	メタ認知測定方法	成績指標
1	AAA	2001	XXXXX	36	.36	発話思考	実験課題
					.35	質問紙	実験課題
2	BBB	1999	XXXXX	17	.35	質問紙	GPA
3	CCC	1990	XXXXX	15	.40	発話思考	実験課題 1
					.45		実験課題 2
					.45		実験課題 3
⋮	⋮	⋮	⋮	⋮	⋮	⋮	⋮

表 8.2: 実際に分析に用いるデータセットの例

研究 ID	著者	出版年	N	相関係数	メタ認知測定方法	成績指標
1	AAA	2001	36	.36	発話思考	実験課題
2	BBB	1999	17	.35	質問紙	GPA
3	CCC	1990	15	.40	発話思考	実験課題
⋮	⋮	⋮	⋮	⋮	⋮	⋮

104 第 8 章 メタ分析の流れの実際－メタ認知と学習成績の関係を調べる－

表 8.3: 分析結果の表記例

	k	N	r	95%CI	Q	τ^2	Trim and Fill		
							$+k$	r	95%CI
全体	97	359,076	.31	[.27, .35]	1159.91***	0.04	26	.23	[.18, .28]
オフライン	27	1,301	.55	[.46, .62]	64.57***	0.04	12	.39	[.27, .50]
オンライン	70	358,045	.25	[.21, .29]	938.30***	0.03	11	.21	[.16, .26]

*** $p < .001$

研究例

筆者の研究では，以下のルールを設けました。

1) 複数の効果量はその Z 変換の平均値を算出し，逆変換した値を用いる
2) 質的に異なる恐れがある指標はどちらかを選択する

例えば，表 8.1 の例について， 1) の条件に該当するものとして，ID3 の研究があります。ID3 は，成績の指標が実験課題 1〜3 の 3 つあり，効果量が 3 つ報告されています。このままでは分析できないので，相関係数を Z 変換した値の平均値を算出し，さらにそれを逆変換し相関係数を求めます。すでに第 3 章で解説しましたが，ID3 の.40 の相関係数 (実験課題 1) について，Z 変換の値を求める際には，以下のように計算します。

$$Z = 0.5 \times \ln((1 + 0.40) \div (1 - 0.40)) = 0.42$$

その下の 0.45 の相関係数 (実験課題 2 と 3) についても同様に値を計算し，それらの平均を求めると，$(0.42 + 0.49 + 0.49) \div 3 = 0.46$ となります。そして，0.46 を逆変換し，相関係数に直します。

$$R = (\exp(2 \times 0.46) - 1) \div (\exp(2 \times 0.46) + 1) = 0.43$$

また，2) に該当するものとして，研究 ID1 の研究が挙げられます。この研究では，メタ認知について，発話思考と質問紙の 2 つの効果量がコーディングされています。研究目的にもよりますが，メタ認知の指標がお互いに質的に少し異なるので，平均値を求めるよりは，どちらかを選択したほうがよいと考えられます。この時，メタ認知の測定方法については，コーディングしています。今回は仮に発話思考を選ぶこととしました。

これらの処理を終え，実際の分析に使用するデータセットが表 8.2 になります。

§8.4 分析

8.4.1 効果量の統合について

効果量の計算について本文中に記載すべき情報について挙げます。まず，固定効果モデル，変量効果モデルのうちどのモデルを用いたのかを記述する必要があります。この情報は結果の部分ではなく，方法のセクションでの記述をするのが一般的です。多くの場合，変量効果モデルで計算をするのが妥当だと考えられます (Borenstein et al., 2009)。また，τ^2 の推定方法についても記述があるとより丁寧だと思われます。

8.4.2 出版バイアスの補正

実際にメタ分析を行う際には，出版バイアスを補正する方法や分析についての記述も必要となります。メタ分析には，出版バイアスの問題がつきまとうので，これは論文の査読で指摘を受けやすいポイントの 1 つだと考えられます。

> ┌─ 研究例 ─────────────────────────
>
> 筆者の研究でも，効果量の統合には変量効果モデルを用いました。なお，分析には，R の metafor パッケージを用い，τ^2 の推定には制限最尤推定法を用いました。もちろん，エクセルなどで計算する場合は，計算過程がより容易な第 3 章で紹介したモーメント法を用いた計算も可能です。
>
> また，出版バイアスの補正には，トリム・アンド・フィル法 (Duval & Tweedie, 2000) を用いました。

§8.5 結果の報告について

結果の報告の際に報告すべき指標について紹介します。表で報告するとよい情報は，平均効果量 (ここでは r) と 95 ％信頼区間 (95%CI)，統合した研究数 (k)，サンプルサイズ (N) ，また，研究間分散を表す各指標，すなわち Q, I^2, τ^2 です。これらはあくまで一例であり，用いる分析によっては異なる指標の報告が必要となりえます。

研究例

　その結果を表 8.3 に記します。結果そのものについて，メタ認知は学習成績と，$r = .31$ の相関を示しました。全サンプルサイズは $N = 359,076$ でした。これは，メタ認知は知能と小〜中程度の関連があることを示します。また，その関係は，メタ認知の測定法によっても少し違っています。例えば，オンラインの方法だと，$r = .55$ でオフラインの方法の $r = .25$, $95\%CI[.21, .29]$ に比べて少し係数が大きくなっています。

　表 8.3 では，トリム・アンド・フィル法の結果も表示しています。表 8.3 の $+k$ が出版バイアスの補正のために加えられた研究数の数です。全体では，26 個の効果量が加えられていることがわかります，つまり，97+26 で 136 個の効果量を統合した結果です。その結果，$r = .23$, $95\%CI[.18, .28]$ と少し値が小さくなりました。個別にみても，オンライン，オフラインそれぞれで値がやや小さくなっています。ただし，結果はすべて有意であることと，オンラインがオフラインに比べて値が大きいという結果は変わりません。このことから，メタ認知と学習成績には有意な正の関連があるということがわかりました。また，それらはメタ認知の測定方法によって異なることが示唆されました。つまり，質問紙などのオフラインで測定した場合，得られる相関係数が小さくなる傾向にあることがわかります。

§ 8.6　最後に

　以上，具体的な研究の例を用いてメタ分析の進め方を解説しました。メタ分析の研究同士でも，結果の提示の仕方などは多様です。いくつか，メタ分析を行っている論文に目を通し，その問題設定や論文収集の方法，結果の提示方法に至るまでを参考にすることが望ましいと考えられます。

　なお，本章で紹介してきました筆者らの研究は後に再分析を経て論文として出版されています（Ohtani & Hisaaka, 2018）。より詳細な手続き等の確認は本論文を参照ください。

参考文献

[1] Borenstein, M., Hedges, L. V., Higgins, J. P. T., & Rothstein, H. R. (2009). *Introduction to meta-analysis.* Chichester, UK: Wiley.

[2] Duval, S. J., & Tweedie, R. L. (2000). Trim and fill: A simple funnel-plot-based method of testing and adjusting for publication bias in meta-analysis. *Biometrics, 56*(2), 455–463.

[3] Hedges, L. V., & Olkin, I. (1985). *Statistical methods for meta-analysis.* Orlando, FL: Academic Press.

[4] Lipsey, M. W. (2009). Identifying interesting variables and analysis opportunities. In H. Cooper, L.V. Hedges, & J. C. Valentine (Eds.), *The handbook of research synthesis and meta-analysis* (2nd ed., pp.147–158). New York: Russell Sage Foundation.

[5] Murayama, K., & Elliot, A. J. (2011). Achievement motivation and memory: Achievement goals differentially influence immediate and delayed remember-know recognition memory. *Personality and Social Psychology Bulletin, 37*, 1339–1348.

[6] Murayama, K., & Elliot, A. J. (2012). The competition-performance relation: A meta-analytic review and test of the opposing processes model of competition and performance. *Psychological Bulletin, 138*, 1035–1070.

[7] Ohtani, K., & Hisasaka, T. (2016, July 27th). *A meta-analytic review of the relationship between metacognitive skills and learning performance.* Poster presented at the 31st International Congress of Psychology(ICP 2016), Yokohama, Japan.

[8] Ohtani, K., & Hisasaka, T.（2018）. Beyond intelligence：A meta-analytic review of the relationship among metacognition, intelligence, and academic performance. *Metacognition and Learning, 13*, 179–212.

[9] 大谷和大・三宮真智子 (2015). メタ認知は知能を超えどの程度，学習成績を予測するか. 日本心理学会第 79 回大会発表論文集, 596.

[10] 岡田涼 (2009). 青年期における自己愛傾向と心理的健康：メタ分析による知見の統合. 発達心理学研究, *20*, 428–436.

[11] Richardson, M., Abraham, C., & Bond, R. (2012). Psychological correlates of university students' academic performance: A systematic review and meta-analysis. *Psychological Bulletin, 138*, 353–387.

[12] 山田剛史・井上俊哉 (2012). メタ分析入門―心理・教育研究の系統的レビューのために―. 東京大学出版会.

109

第9章

文献収集の実際と相関係数の統合

　本章では，相関係数に関するメタ分析として，小論文試験の採点における採点結果 (採点者間相関) の情報の統合を研究例にして解説します。メタ分析の手続きについて述べる前に，この研究の背景についてまず説明します。

§9.1　はじめに：研究の背景

9.1.1　テストの分類

　「資格社会」という言葉にも表れているように，今ほどテストのもつ社会的な影響力が顕著な時代は過去にもなかったといっても過言ではないでしょう。テストの形式は大別して客観式テストと論述式 (または記述式) テストに分類できます。前者は，解答が当該のテストの中で一義的に決まっているテスト形式です。一方，論述式テストは，数十字以上の一定の長さの文章を書かせて回答させるものであり，客観式では通常難しいと考えられる，受験者の表現力・思考力または創造性・論理性と呼ばれるような「高次の能力」の測定・評価を行ううえで役立つテスト形式と考えられています。

9.1.2　小論文試験における測定論上の問題点

　その一方で，いわゆる小論文試験に代表される論述式テストにおいては，(1) どの採点者が採点するかによって結果の変動がありうる，(2) 回答に比較的長い時間を要するため，多くの数の問題を出題することが一般に難しい，という特徴があります。このことから，論述式テストの場合，「そのとき受験した問題内容や採点者の違いによる偶然性の影響を受けて採点結果や合否が変動してしまう」といった測定の信頼性 (reliability) の問題が生じやすいことが指摘されています。また，一般に，測定結果 (＝テスト得点) が意図した構成概念を適切に反映しているかどうかを測定の妥当性 (validity) の問題といいます。一般に，信頼性は妥当性を満たすうえでの必要条件とされています。そのため，テストの信頼性が不十分な場合，それは妥当性も十分な水準に達していないことを同時に意味します。

　採点の信頼性の問題に対処するために，2～3人の採点者に同じ答案を採点させて，例えば平均処理などをし，結果を統合して1つの得点を与えることがしばしばなされます。一般に，このように複数の採点者を採点作業に配置することは，「採点が厳しすぎる」，「採点が甘すぎる」といった特定の採点者の採点の偏りの影響を抑えられることが期待されます。加えて，とりわけ文章の表現力や創造性の評価観は採点者によって少なからず異なりうるものであるため，さまざまな評価観点をもつ採点者によって評価がなされるという意味でも好ましいと考えられます。しかし，そ

110   第 9 章 文献収集の実際と相関係数の統合

の一方で，同じ答案に対して各採点者が互いに甚だしく異なる評価点を与えることはテストの信頼性，および不公平性に直結しうる問題であり，そのため採点者間で同一の答案に対する採点結果の一貫性が低い，すなわち採点者間相関が低いことは望ましくないと考えられています。

　ただし，実際の論述式テストにおける採点者間相関は，採点者の熟練度や事前の練習量，問題内容やその難易度，採点条件 (採点枚数や採点作業時間) など，さまざまな要因によって変動すると考えられます。したがって，実際の採点事例や結果を示した研究では，高い採点者間相関を示している場合もあれば，そうでない場合もあります。そこで，全体として，実際の研究で示されている採点者間相関は大体どの程度なのか，またどのような場合において採点者間相関は高く (または低く) なるのかをメタ分析により精緻に調べることで，実際の論述テストの作成や採点作業の改善に資する知見が得られると期待されます。

　本章では表 9.1 に示されているような 19 例の先行研究が得られたとして，ここから採点者間相関を基にしたメタ分析を行う状況を考えます。以下では，このような先行研究に関する文献の収集の手続きと，第 3 章で解説したメタ分析の手続きに則った計算例を示します。これまでに述べた論述式テストにおける測定の問題について関心のある読者は，宇佐美 (2011,2013) などの文献も参考にしてください。また，関連する例として，文字の美醜 (美しさ) の違いが採点結果に与える歪み (バイアス) の影響についてメタ分析をした宇佐美 (2008) があります。宇佐美 (2008) でも，以下に述べる手続きに則ってメタ分析を行っています。

§9.2　文献の収集

9.2.1　収集する文献の基準

　文献の収集にあたっては，以下の 3 つの条件を満たしている文献に限定しました。すなわち，(1) 単に複数の採点者がいる状況を扱った研究ではなく，同一の答案に対して複数の採点者が採点しているデザインの研究であること，(2) 異なる採点者間における採点結果の相関 (つまり，採点者間相関)，またはそれを計算するための情報 (例えば，生データ) が報告されていること，(3) 回答が文章の表現力，論理性などに基づいて採点されているものであること，(4) 日本語または英語で報告されている研究であること，の 4 点です。

　(1) は，論述式テストの採点を扱った研究は多くあると予想されますが，採点者間相関をメタ分析する今回の研究事例において最低限必要な条件といえるでしょう。(2) は，採点者間相関が直接報告されていればメタ分析の手続きはより簡便なものとなりますが，採点者間相関を算出する代わりに，採点者を対応のある群 (水準) とみなして，群間の平均値差の検定を行った (つまり，対応のある t 検定における t 統計量を報告した) 研究事例もあるかもしれません[1]。(3) は，必須なものではありませんが，一般にテストはさまざまな能力 (構成概念) の測定を意図して実施されます。いまここで興味があるのは，論述式テストが一般に用いられることが多いと考えられる，文章の表現力や論理性など「高次の能力」の測定を意図している場合とし，それ以外の能力の測定を意図して論述式テストを実施した研究例は除外して考えることにします。(4) も必ずしも必須ではありません。

---

[1] t 統計量やサンプルサイズ，および各採点者の採点結果の平均や分散が報告されていれば，その情報から，採点者間相関に変換することが可能です。

表 9.1: メタ分析データベースにおける関連項目の値

研究 ID	r	N	採点者の熟練度	受験者の(平均) 年齢	西暦	回答内容の自由度
1	.40	36	1	20	2004	0
2	.34	74	0	10	1996	0
3	.64	94	1	26	2008	0
4	.57	20	0	18	2011	1
5	.22	116	0	21	1999	0
6	.06	187	0	22	2003	0
7	.77	35	1	12	2007	0
8	.49	56	0	36	1976	1
9	.10	99	0	22	1990	0
10	.35	123	1	18	2001	0
11	.45	64	0	18	1990	0
12	.52	30	1	9	1985	0
13	.55	25	0	22	1978	1
14	.26	48	0	18	2000	0
15	.67	67	1	25	1991	0
16	.63	146	0	18	2011	0
17	.58	120	1	17	1980	0
18	.81	88	1	21	1991	1
19	.63	76	0	20	1989	0

　文献の収集における他の基準として，例えば日本語で産出される文章の採点や日本の教育評価に立脚した問題意識をもつ研究の場合，日本語の文献に限定することや，特定の年代以降の研究であることを条件に加える場合もあるでしょう。また，とりわけ膨大な数の文献にあたる必要があると考えられる場合，簡便な検索の方法として，図書館やインターネット上から直接あるいは注文をして入手することが可能な文献に限定することもあるでしょう。

9.2.2　データベースおよび文献の選択

　分野によらない日本語の文献のデータベースとして，CiNii, 国立国会図書館雑誌記事索引，雑誌記事索引集成データベースを，英語文献のデータベースとして Google Scholar, JSTOR, Science, Taylor & Francis Online, Web of Science を，また教育学・心理学におけるデータベースである教育研究論文索引，ERIC, PsycINFO を利用しました。加えて，Google などの検索エンジンを用いながら文献を検索しました。論文の検索のキーワードとして，テスト・試験 (test), 小論文 (essay), 測定 (measurement), 採点 (rating, scoring), 信頼性 (reliability), 妥当性 (validity), をもとに検索しました。このように，研究領域に対応したデータベースを選択すること，また研究のキーワードとなる用語 (英訳したものも含む) を複数挙げ，これらを基に絞り込んで検索してい

112　　第 9 章 文献収集の実際と相関係数の統合

くのは効率的な方法の 1 つと考えられます。この方法により検索した結果，上記 (1) から (4) の条件をすべて満たしていた計 19 件の論文を以降のメタ分析で利用しました。

9.2.3　メタ分析の実行の前処理

　ここでのメタ分析の目的は，「全体として，実際の研究で示されている採点者間相関は大体どの程度なのか」，および，「どのような場合において採点者間相関は高く (または低く) なるのか」の 2 点でした。後者の目的のために，19 件の研究それぞれの採点事例において，(ア) 採点者の熟練度 (採点者は普段から採点業務を行っている熟練者か否か)，(イ) 受験者の年齢 (大学受験における高校生の受験者か，あるいは小学生や大人の受験者か)，(ウ) 研究の発表年 (西暦)，(エ) 想定される回答内容の自由度 (ここでは，歴史や医療・経済・法律などの専門分野の内容に関する論述式テストにおいてしばしば見られる，相応の専門的知識は必要であるが，ある程度事実関係に基づいて回答が可能であり，また同時に想定される回答内容の種類もそこまで多様性に富んだものではないと考えられる問題項目を，「回答内容の自由度が低い」とします。一方，早期英語教育の是非について論じる意見文や将来の目標を書かせる作文課題のように，正答と考えられるが内容的に異なるさまざまな種類の文章があると考えられる問題項目を，「回答内容の自由度が高い」とします) の計 4 つの観点について調べてコーディングしました。具体的に，(ア) 採点者の熟練度は，採点者が普段から採点業務を行っている熟練者であれば 1 を，アルバイトなどの非熟練者であった場合は 0 とコーディングしました。(イ) は，各研究で報告されていた受験生の平均年齢を利用し，(エ) は歴史や医療・経済・法律などの専門分野の内容を扱った問題項目の場合は 1，そうでない場合は 0 とコーディングしました。このようにしてできたものがさきの表 9.1 です。ここで，r は各研究で報告された採点者間相関であり，N は各研究の受験者数 (サンプルサイズ) を表します。

§ 9.3　メタ分析の実行

9.3.1　相関係数の統合

　まず，前述の目的における，「全体として，実際の研究で示されている採点者間相関は大体どの程度なのか」という点について調べましょう。表 9.1 における標本相関係数はさまざまな値を示していますが，ここで，各研究における母相関係数は研究間で同じであり (ρ とします)，各研究で選ばれたサンプルによる変動の影響から計算された標本相関係数が研究間で異なると考えましょう。このような仮定に基づく統計モデルは一般に固定効果モデルと呼ばれました (第 3 章)。まず，この仮定に基づく相関係数のメタ分析を考えましょう。

　メタ分析を行うためには，直感的には 19 の研究で報告されている相関の平均を考えればよいと思うかもしれません。しかし，各研究で相関係数を計算する際に利用しているサンプルサイズには違いがあるので，単なる平均を計算するのはこの点を考慮していないという意味で不適切でしょう。そうならば，重み付け平均を計算するのも 1 つの考えでしょう。

　しかし，このような点推定のみならず，後述するような各研究および研究全体から母相関係数の信頼区間を計算する際には標本相関係数の標本分布の形状がわかっていることが必要ですが，こ

の標本分布は一般に非対称で複雑な形状をしています。そのため，第3章で述べたようなフィッシャーの Z 変換を行って正規分布に近似して計算上扱いやすい形にし，これをもとに誤差を評価したり信頼区間を求める手続きをとることが有効です (Hedges & Olkin, 1985)。

具体的に，$i(1, \ldots, i, \ldots, 19)$ 番目の研究において観察された標本相関係数 r_i に対してフィッシャーの Z 変換：

$$Z_i = \frac{1}{2} \ln \frac{1 + r_i}{1 - r_i} \tag{9.1}$$

を行うと，この標本分布の分散 v_i は，i 番目の研究におけるサンプルサイズを N_i とすると，

$$v_i = \frac{1}{N_i - 3} \tag{9.2}$$

となります。したがって，Z_i の95%信頼区間 $[Z_{iL}, Z_{iU}]$ における下限値 Z_{iL} と上限値 Z_{iU} は，標本分布が正規分布に従うことが利用できるため，それぞれ，

$$Z_{iL} = Z_i - 1.96 \times \sqrt{v_i} \tag{9.3}$$

$$Z_{iU} = Z_i + 1.96 \times \sqrt{v_i} \tag{9.4}$$

と求めることができます。これは，Z 変換後の Z_i の信頼区間ですので，いま私たちが興味のある母相関係数に関する信頼区間をこれから求める必要があります。具体的に，母相関係数に関する95%信頼区間 $[\rho_{iL}, \rho_{iU}]$ の下限値 ρ_{iL} と上限値 ρ_{iU} は，それぞれフィッシャーの Z 変換の逆変換：

$$\rho_{iL} = \frac{\exp(2 \times Z_{iL}) - 1}{\exp(2 \times Z_{iL}) + 1} \tag{9.5}$$

$$\rho_{iU} = \frac{\exp(2 \times Z_{iU}) - 1}{\exp(2 \times Z_{iU}) + 1} \tag{9.6}$$

を利用することによって求めることができます。各研究における Z，v，ρ_L，ρ_U の計算結果を示したのが表 9.2 の4列目から7列目です。

さて，各研究の Z の重み付け平均：

$$Z^* = \frac{\sum_i w_i Z_i}{\sum_i w_i} \tag{9.7}$$

は 19 の研究全体の母相関係数の推定量を Z 変換したものと考えることができます。ここで，重み w_i は，

$$w_i = \frac{1}{v_i} \tag{9.8}$$

であり，分散の逆数です。つまり，分散が大きいほど値が変動し，結果の信頼度が低くなるので，その逆数で重み付けているということになります。ここで，Z 変換後の Z の標本分布は前述のように正規分布となることを利用すると，重み付け平均 Z^* も正規分布に従い，その分散 σ_Z^{*2} は近似的に，

$$\sigma_Z^{*2} = \frac{1}{\sum_i w_i} \tag{9.9}$$

114　第 9 章 文献収集の実際と相関係数の統合

表 9.2: 計算結果

研究 ID	r	N	Z	v	ρ_L	ρ_U	W	$W \times Z$
1	.40	36	0.424	0.030	0.083	0.644	33	13.992
2	.34	74	0.354	0.014	0.121	0.527	71	25.134
3	.64	94	0.758	0.011	0.502	0.746	91	68.978
4	.57	20	0.648	0.059	0.171	0.809	17	11.016
5	.22	116	0.224	0.009	0.040	0.387	113	25.312
6	.06	187	0.060	0.005	-0.084	0.202	184	11.04
7	.77	35	1.020	0.031	0.587	0.878	32	32.64
8	.49	56	0.536	0.019	0.261	0.667	53	28.408
9	.10	99	0.100	0.010	-0.100	0.291	96	9.6
10	.35	123	0.365	0.008	0.184	0.496	120	43.8
11	.45	64	0.485	0.016	0.230	0.627	61	29.585
12	.52	30	0.576	0.037	0.196	0.741	27	15.552
13	.55	25	0.618	0.045	0.197	0.776	22	13.596
14	.26	48	0.266	0.022	-0.026	0.507	45	11.97
15	.67	67	0.811	0.016	0.512	0.784	64	51.904
16	.63	146	0.741	0.007	0.521	0.719	143	105.96
17	.58	120	0.662	0.009	0.447	0.688	117	77.454
18	.81	88	1.127	0.012	0.723	0.872	85	95.795
19	.63	76	0.741	0.014	0.471	0.749	73	54.093

$$\Sigma W = 1447 \qquad \Sigma WZ = 725.83$$
$$Z^* = 0.502 \qquad \sigma_Z^{*2} = 0.00069 \qquad \hat{\rho} = 0.463$$
$$[Z_L, Z_U] = [0.450, 0.553] \qquad [\rho_L, \rho_U] = [0.422, 0.503]$$

となることが知られています．表 9.2 の最下行にはこれらの計算結果が示されており，$Z^* = 0.502$，$\sigma_Z^{*2} = 0.00069$ と計算されました．19 の研究の Z を重み付けした Z^* に関して逆変換すれば，これが母相関係数 ρ の推定値 $\hat{\rho}$ となり，具体的に，

$$\hat{\rho} = \frac{\exp(2 \times 0.502) - 1}{\exp(2 \times 0.502) + 1} = .463 \tag{9.10}$$

となります[2]。

　また，19 の研究の Z を重み付けした Z^* に関しても，その 95% 信頼区間 $[Z_L^*, Z_U^*]$ における下

---
[2]本節の冒頭で述べたように，相関係数の重み付け平均を利用するという考えもあります。Hunter, Schmidt and Jackson (1982) および Hunter and Schmidt (1990) は Z 変換を行わずに重み付け平均 $\hat{\rho}_r = \sum_i N_i r_i / \sum_i N_i$ を利用した考え方を示しています。この場合，表 9.2 の結果から，$\hat{\rho}_r = .433$ となり，ここで示した Z 変換に基づく推定値 $\hat{\rho}=.463$ と大きな違いはないことがわかります。しかし，正規近似を利用した Z 変換に基づく方法は，後で見るように信頼区間の算出も比較的簡単に行うことができるため，本書では Z 変換に基づく方法を基に解説しています。相関係数のメタ分析のためのさまざまな考え方を示した文献として，Field (2001), Field and Gillett (2010) があります。

限値 Z_L^* と上限値 Z_U^* は，標本分布が正規分布に従うことを利用して，

$$Z_L^* = Z^* - 1.96 \times \sqrt{\sigma_Z^{*2}} \tag{9.11}$$

$$Z_U^* = Z^* + 1.96 \times \sqrt{\sigma_Z^{*2}} \tag{9.12}$$

と求めることができます。これより，母相関係数に関する 95%信頼区間 $[\rho_L, \rho_U]$ の下限値 ρ_L と上限値 ρ_U は，それぞれフィッシャーの Z 変換の逆変換：

$$\rho_L = \frac{\exp(2 \times Z_L^*) - 1}{\exp(2 \times Z_L^*) + 1} \tag{9.13}$$

$$\rho_U = \frac{\exp(2 \times Z_U^*) - 1}{\exp(2 \times Z_U^*) + 1} \tag{9.14}$$

を利用することによって求めることができます。いま，Z_L^* と Z_U^* は具体的に，

$$Z_L^* = 0.502 - 1.96 \times \sqrt{0.00069} = 0.4501 \tag{9.15}$$

$$Z_U^* = 0.502 + 1.96 \times \sqrt{0.00069} = 0.5531 \tag{9.16}$$

と計算されることから，ρ_L と ρ_U は，

$$\rho_L = \frac{\exp(2 \times 0.4501) - 1}{\exp(2 \times 0.4501) + 1} = .422 \tag{9.17}$$

$$\rho_U = \frac{\exp(2 \times 0.5531) - 1}{\exp(2 \times 0.5531) + 1} = .503 \tag{9.18}$$

となります。これらの結果から，各研究で共通と仮定した母相関係数の推定値は $\hat{\rho} = .463$ であり，そしてその 95%信頼区間は $[.422, .503]$ となります。観察された各研究の標本相関係数は異なりますが，総合的に見るとこのような中程度の相関があると考えられるということになります。また，信頼区間幅に注目すると，各研究に関する信頼区間幅に比べて，19 の研究を統合して各研究の情報を活かしたいまの信頼区間幅は小さく，より安定した推測ができていることがわかります。このように，複数個の研究を統合するメタ分析の利点としては，単に点推定値について推測できるばかりでなく，興味ある母数 (いまの場合，母相関係数) に対して，より安定した (区間) 推定の結果を与えるという点も重要です。

9.3.2 相関係数と各研究内の諸条件 (独立変数) の関係

「全体として，実際の研究で示されている採点者間相関は大体どの程度なのか」という点はさきの $\hat{\rho} = .463$ の結果からわかりました。それでは次に，「どのような場合において採点者間相関は高く (または低く) なるのか」という点について調べてみましょう。実際，表 9.1(または表 9.2) を見るとわかりますが，研究によって採点者間相関の大きさは異なっています。例えば，18 番目の研究は.81 の高い相関係数を示していますが，6 番目の研究は.06 と低い相関係数を示しており，二人の採点者による評定の一貫性がほとんど見られないことを示しています。これらの違いは，前述の各研究内の諸条件 (採点者の熟練度・受験者の (平均) 年齢・研究の発表年 (西暦)・回答内容の自由度)，つまり独立変数群とどのように関連しているのでしょうか[3]。

---

[3]このようにある変数間の関係性の強弱を説明する独立変数は調整変数 (moderator) とも呼ばれます。

116   第 9 章 文献収集の実際と相関係数の統合

表 9.3: 相関分析の結果

	Z	採点者の熟練度	受験者の (平均) 年齢	西暦	回答内容の自由度
Z	1				
採点者の熟練度	0.501	1			
受験者の (平均) 年齢	-0.035	-0.166	1		
西暦	-0.016	0.049	-0.255	1	
回答内容の自由度	0.330	-0.179	0.410	-0.305	1

　各研究で変換した Z と，前述の方法でコーディングした各独立変数の間の相関係数を算出した結果を表 9.3 に示しています。この結果から，採点者の熟練度と回答内容の自由度は比較的 Z との相関が高い (それぞれ，.501, .330)，つまり各研究で見られた採点者間相関との関連が比較的強いことが示唆されます。また，いずれの相関係数も正であることから，採点者がより熟練しているほど，また回答内容の自由度が低いもの (ここでは，歴史や医療・経済・法律などの専門分野の内容を扱った問題項目の場合は 1，そうでない場合は 0 とコーディングしていました) であるほど採点者間相関が大きくなる傾向にあるとわかります。

　このように各独立変数と相関係数を吟味する方法は簡便ですし，一定の利点があると考えられます。しかし，これまで見てきたように各研究のサンプルサイズ (受験者数) は異なり，またそれを反映して各研究から求めた母相関係数の信頼区間幅は異なっていました。このような理由などにより，相関係数のような効果量と独立変数群との関係を知るために上のような相関分析を行うと，関係の強さを推定するうえで大きなバイアスが生じ得ることが指摘されています (Hedges & Olkin, 1985)。そこで，ここでは，その他の方法に基づいて，各独立変数との関係を調べる方法を説明します。

　Mullen(2000) で示されている方法では，メタ分析において各独立変数と従属変数 (ここでは，各研究の採点者間相関) との関係を個々の独立変数別に検討していく場合に，独立変数と従属変数が無関係であるという帰無仮説のもとで，標準正規分布に従う以下の統計量 Z_λ：

$$Z_\lambda = \frac{\sum_i \lambda_i Z_i}{\sum_i \sqrt{\lambda_i^2 v_i}} = \frac{\sum_i \lambda_i Z_i}{\sqrt{\sum_i \frac{\lambda_i^2}{N_i - 3}}} \tag{9.19}$$

を利用します。ここで，Z_i は (9.1) 式で求めたフィッシャーの Z 変換後の値であり，v_i は (9.2) 式で求めた分散に相当する重みです。そして，λ_i は i 番目の研究における，独立変数に関する対比 (contrast) による重みです。対比である λ_i は，その平均が 0 になるように平均からの偏差を計算します。つまり，表 9.1 を見るとわかるように，コーディングした各独立変数の平均は 0 ではありませんので，i 番目の研究におけるある独立変数の値 x_i を，その変数の平均 $\bar{x}$ によって，

$$\lambda_i = x_i - \bar{x} \tag{9.20}$$

と変換 (中心化) することによって対比を計算します。

9.3. メタ分析の実行　117

表 9.4: 計算結果

ID	Z	v	熟練	年齢	西暦	自由度	λ 熟練	λ 年齢	λ 西暦	λ 自由度	λZ 熟練	λZ 年齢	λZ 西暦	λZ 自由度	λ²v 熟練	λ²v 年齢	λ²v 西暦	λ²v 自由度
1	0.424	0.030	1	20	2004	0	0.58	0.37	8.74	-0.21	0.25	0.01	8.74	-4.21	0.01	0.14	1526.65	88.82
2	0.354	0.014	0	10	1996	0	-0.42	-9.63	0.74	-0.21	-0.15	-0.14	0.00	-2.11	0.00	0.00	5.43	88.47
3	0.758	0.011	1	26	2008	0	0.58	6.37	12.74	-0.21	0.44	0.07	12.74	-5.47	0.00	40.56	4217.91	89.00
4	0.648	0.059	0	18	2011	1	-0.42	-1.63	15.74	0.79	-0.27	-0.10	0.00	14.21	0.01	0.00	4457.67	1253.39
5	0.224	0.009	0	21	1999	0	-0.42	1.37	3.74	-0.21	-0.09	0.01	0.00	-4.42	0.00	0.00	293.24	88.60
6	0.060	0.005	0	22	2003	0	-0.42	2.37	7.74	-0.21	-0.03	0.01	0.00	-4.63	0.00	0.00	1316.89	88.78
7	1.020	0.031	1	12	2007	0	0.58	-7.63	11.74	-0.21	0.59	-0.24	11.74	-2.53	0.01	58.24	1653.04	88.95
8	0.536	0.019	0	36	1976	1	-0.42	16.37	-19.26	0.79	-0.23	0.31	0.00	28.42	0.00	0.00	13358.49	1231.58
9	0.100	0.010	0	22	1990	0	-0.42	2.37	-5.26	-0.21	-0.04	0.02	0.00	-4.63	0.00	0.00	609.42	88.20
10	0.365	0.008	1	18	2001	0	0.58	-1.63	5.74	-0.21	0.21	-0.01	5.74	-3.79	0.00	2.66	592.40	88.69
11	0.485	0.016	0	18	1990	0	-0.42	-1.63	-5.26	-0.21	-0.20	-0.03	0.00	-3.79	0.00	0.00	498.61	88.20
12	0.576	0.037	1	9	1985	0	0.58	-10.63	-10.26	-0.21	0.33	-0.39	-10.26	-1.89	0.01	113.03	947.99	87.98
13	0.618	0.045	0	22	1978	1	-0.42	2.37	-17.26	0.79	-0.26	0.11	0.00	17.37	0.01	0.00	6556.37	1232.83
14	0.266	0.022	0	18	2000	0	-0.42	-1.63	4.74	-0.21	-0.11	-0.04	0.00	-3.79	0.00	0.00	403.88	88.64
15	0.811	0.016	1	25	1991	0	0.58	5.37	-4.26	-0.21	0.47	0.08	-4.26	-5.26	0.01	28.82	454.36	88.24
16	0.741	0.007	0	18	2011	0	-0.42	-1.63	15.74	-0.21	-0.31	-0.01	0.00	-3.79	0.00	0.00	4457.67	89.13
17	0.662	0.009	1	17	1980	0	0.58	-2.63	-15.26	-0.21	0.38	-0.02	-15.26	-3.58	0.00	6.93	3960.39	87.76
18	1.127	0.012	1	21	1991	1	0.58	1.37	-4.26	0.79	0.65	0.02	-4.26	16.58	0.00	1.87	381.66	1240.93
19	0.741	0.014	0	20	1989	0	-0.42	0.37	-6.26	-0.21	-0.31	0.01	0.00	-4.21	0.00	0.00	784.54	88.16

$\Sigma\lambda Z$ 1.32　-0.32　4.89　18.47
$\Sigma\lambda^2 v$ 0.09　252.24　46476.62　6286.33
Z_λ 4.37　-0.02　0.02　0.23

118 第 9 章 文献収集の実際と相関係数の統合

あとは，前述のように Z_λ は帰無仮説の下で標準正規分布に従います[4]。

有意水準 5%の両側検定のもとでその値が 1.96 を超えれば統計的に有意となり，当該の独立変数と従属変数 (採点者間相関) に関係があることが示唆されます。

表 9.4 は，(9.19) から (9.20) 式に基づく計算の過程を示したものであり，最下行には各独立変数 (採点者の熟練度・受験者の (平均) 年齢・研究の発表年 (西暦)・回答内容の自由度) 別に計算した Z_λ の値を示しています。計算の結果，採点者の熟練度の独立変数においてのみ，$Z_\lambda = 4.37$ ($p < .05$) となり有意水準 5%の両側検定において帰無仮説は棄却されますので，採点者の熟練度の高低と観察された採点者間相関の高さに関係があることが示唆されます。一方，その他の独立変数については帰無仮説が棄却されず，採点者間相関との関係性は示されませんでした。

9.3.3　注意点

本章で紹介した相関係数のメタ分析では，各研究における母相関係数は研究間で同じ (ρ) と仮定し，研究間で観測される標本相関係数の差異は単なる標本変動によるものと考えていました。そして，このようなモデルは固定効果モデルと呼ばれました。しかし，各研究では採点者の熟練度などの実験条件が異なっていることから前節では各研究の採点者間相関と独立変数との関係を検証しました。また，実際に標本相関係数は表 9.1 で見たように研究間で大きなばらつきがあったことから，この固定効果モデルの仮定自体が適切であったのか疑問が生じるところでしょう。

標本変動のみを仮定した固定効果モデルに対して，各研究で母相関係数など興味ある母数の値に研究間差があることを仮定したモデルを変量効果モデルといいました (第 3 章)。つまり，変量効果モデルでは，各研究の母相関係数 ρ_i の存在を考え，研究間変動を仮定するとともに，個々の研究内では限られたサンプルに基づいて標本相関係数 r_i を得ていることから固定効果モデルのように標本変動 (すなわち研究内変動) も仮定します。したがって，研究間変動と研究内変動の両方を仮定する変量効果モデルでは標本相関係数について二種類の誤差分散を仮定していることになります[5]。そのため変量効果モデルの下でメタ分析をすると個々の研究における標本相関係数の誤差分散の推定値が大きくなり，結果として母相関係数に関する検定の検定力も低くなり，また信頼区間幅も大きくなります。

本章では，本書の想定する難易度を踏まえて，また手続きの簡便性も重視して固定効果モデルに基づく方法を説明してきましたが，とりわけ大きな研究間変動が考えられる場合は固定効果モデルの利用は不適切と考えられ，変量効果モデルを利用することが望ましいといえます。研究間変動があるかどうかを簡便に判断するには，表 9.2 のような各研究の信頼区間を見たときに研究間での重複が全体としてどの程度あるかを見ることが 1 つの材料となります[6]。表 9.2 を見ると，例えば研究 17([.447, .688]) と研究 18([.723, .872]) のように，2 つの研究における信頼区間の重複がまったくないケースも見られ，このことは変量効果モデルの適切性を示唆するものです。

---

[4] フィッシャーの Z 変換後の Z_i は正規分布に従いました。(9.19) 式は，対比を重みとする和 (線形結合) である $\sum_i \lambda_i Z_i$ を分子に，またその標準偏差である $\sqrt{\sum_i \lambda_i^2/(N-3)}$ を分母においた統計量です。そして帰無仮説の下で母集団における $\sum_i \lambda_i Z_i$ に対応する値は 0 になります。こうして，Z_λ は帰無仮説の下で標準正規分布に従うことがわかります。

[5] このように 2 段階の誤差を仮定する統計モデルに階層線形モデル (マルチレベルモデル) がありますが，変量効果モデルに基づいて相関係数のメタ分析を行う場合も，階層線形モデルに基づいてモデル式を考えることができます (Raudenbush & Bryk, 2002)。

[6] 母相関係数が研究間で等しいかどうかを直接検定する方法もあります (例えば，本書第 3 章・第 4 章および，南風原, 2014)。

9.4. 本研究のまとめ　　119

　一方で，上述の点を1つの限界と割り切って，信頼区間幅を見ながら統合した母相関係数のおおよその範囲の目安をつけるうえでは固定効果モデルは依然として有用であり，そのため固定効果モデルに基づく適用例は現在でも多くあるのが実際です。固定効果モデルと変量効果モデルの比較に関する議論としてはField(2001)も参考になります[7]。

§9.4　本研究のまとめ

　本章では，小論文試験の採点における採点結果(採点者間相関)を例に，特に固定効果モデルに基づくメタ分析の手順を示しました。メタ分析の結果，母相関係数の推定値は$\hat{\rho} = .463$と，そしてその95%信頼区間は$[.422, .503]$と推定されました。このデータは仮想例でしたが，宇佐美(2009, 2013)では，国内外の先行研究のレビューの結果から，最低限の事前協議をしているケースであっても，平均的には採点者間相関は0.3～0.4程度であることが報告されており，むしろ場合によってはこれらよりも低い事例(Hayes, Hatch & Silk, 2000; 宇佐美, 2008)もあることが報告されています。冒頭で述べたように，採点者による(評価観点などの)個人差が結果に反映されうることは論述式テストの採点における利点として考えることもできますが，あまりに大きな違いが生じることは一般に望ましくないといえます。その意味で，一般に.5程度の相関は十分高い水準とはいえず，この例では，小論文試験の採点にはこのような採点者の影響による採点結果の非一貫性の問題が少なからず生じることを示唆しています。

　とりわけ大規模なテストの場合，論述式テスト(小論文試験)の採点の熟練者のみを配置することは困難な場合が多いと考えられます。そのため，とりわけ複数の採点者が採点業務に携わる場合，採点者間でテストの評価観点やその重み付け等を事前に明確化した上で共有しておくことや，場合によっては採点の練習を行うなどの事前準備を可能な限り行うことが望ましいといえるでしょう。冒頭で述べたように，論述式テスト(小論文試験)の採点においては測定の信頼性・妥当性，また歪み(バイアス)の問題が生じえます。このような問題が実際の採点作業においてどの程度生じているかを把握し，また採点や問題作成の方法の改善のあり方を検討するうえでメタ分析は有用なツールと言えます。論述式テスト(小論文試験)がさまざまなテスト場面に活用されている現在において，メタ分析などを通してテストの測定の質を高めるための工夫と努力をすることが今後より求められるといえるでしょう。

---

[7]Van Assen, Van Aert & Wicherts (2015)は，変量効果モデルの適切性を認めながらも，効果の研究間差が見られなかった実際の研究例を示し，またいわゆる調査研究か実験研究かの違いをこのモデル選択に影響を与える1つの観点として挙げています。そして彼らは固定効果モデルをベースとした出版バイアスへの対処法を提案しています。

参考文献

[1] Field, A.P. (2001). Meta-analysis of correlation coefficients: A Monte Carlo comparison of fixedand random-effects methods. *Psychological Methods, 6,* 161–180.

[2] Field, A.P., & Gillett, R. (2010). How to do a meta-analysis. *British Journal of Mathematical and Statistical Psychology, 63,* 665–694.

[3] 南風原朝和 (2014). 続・心理統計学の基礎. 有斐閣.

[4] Hayes, J.R., Hatch, J.A., & Silk, C.M., (2000). Does holistic assessment predict writing performance?: Estimating the consistency of student performance on holistically scored writing assignments. *Written Communication, 17,* 3–26.

[5] Hedges, L.V., & Olkin, I. (1985). *Statistical methods for meta-analysis.* Orlando, FL: Academic Press.

[6] Hunter, J.E., Schmidt, F.L., & Jackson, G. B. (1982). *Meta-analysis: cumulating research findings across studies.* Beverly Hills, CA: Sage.

[7] Hunter, J.E., & Schmidt, F.L. (1990). *Methods of meta-analysis: correcting error and bias in research findings.* Newbury Park, CA: Sage.

[8] Mullen, B. (2000). 小野寺孝義 (訳) 基礎から学ぶメタ分析. ナカニシヤ出版 (絶版).

[9] Raudenbush, S.W., & Bryk, A.S. (2002). *Hierarchical Linear Models: Applications and data analysis methods. (2nd ed.).* Thousand Oaks, CA: Sage.

[10] 宇佐美慧 (2008). 小論文試験の採点における文字の美醜効果の規定因 ―メタ分析および実験による検討―. 日本テスト学会誌, *4,* 73–83.

[11] 宇佐美慧 (2009a). 小論文試験による評価データの心理計量学的性質の検討 ―制限字数の影響に焦点を当てて―. 東京大学修士論文 (未刊行論文).

[12] 宇佐美慧 (2011). 小論文評価データの統計解析 ―制限字数を考慮した測定論的課題の検討―. 行動計量学, *38,* 33–50.

[13] 宇佐美慧 (2013). 論述式テストの運用における測定論的問題とその対処. 日本テスト学会誌, *9,* 145–164.

[14] Van Assen, M. A. L. M., Van Aert, R. C. M., & Wicherts, J. M. (2015). Meta-analysis using effect size distributions of only statistically significant studies. *Psychological Methods, 20,* 293–309.

第10章

関連の違いを調べる —メタ分析における調整効果—

§ 10.1　メタ分析と調整効果

10.1.1　調整効果

多くの場合，心理学の研究の目的は，2つ以上の変数間の関係を調べることです。「動機づけが高い人は学業成績も高いのか」や「自己開示をする人ほど孤独感が低いのか」など，ある変数の高さが他の変数の高さと共変しているかどうかを調べます。そのことを通して，ある特徴をもつ人が他にどのような特徴をもちやすいかを明らかにしていきます。

しかし，変数間の関連を調べるだけで，知りたいことを十分に明らかにすることができるでしょうか。例えば，大学生を対象に調査を行い，自己開示をたくさんしている人ほど，孤独感が低いことがわかったとします。それを聞いて，「確かに私は自分のことをよく話すけど，そうすると受け入れてもらえた気がして孤独を感じることは少ない」と思う人はいるでしょう。その一方で，「僕はあまり自分のことを話さないけど，特に孤独を感じることはない」と思った人もいるかもしれません。

このように反応が異なるのはなぜでしょうか。一番大きな原因は個人差でしょう。関連が見られたといっても，それは全体的な傾向の話ですので，全員がそのパターンにあてはまるわけではありません。しかし，他にも原因があるかもしれません。1つには，第3の変数を見過ごしている可能性を考えることができます。例えば，Franzoi and Davis(1985) は，高校生を対象に友人に対する自己開示と孤独感との関連を調べ，両者の間に負の相関があることを明らかにしました。ただし，その関連が見られたのは女子の間だけでした。つまり，女子の間では，自己開示をしている生徒ほど孤独感が低い傾向にあったのですが，男子の間では自己開示をしているかどうかは孤独感と関係がなかったのです。これは，性別という第3の変数を考慮したことで，自己開示と孤独感との関係がよりはっきりと見えてきた例です。

第3の変数が2つの変数間の関連の仕方に影響することを調整効果 (moderation effect) といい，調整効果をもつ変数を調整変数 (moderator) と呼びます。調整変数は，独立変数 (もしくは予測変数) と従属変数 (もしくは基準変数) の関連の方向や強さに影響を与える変数です (Baron & Kenny, 1986)。もし自己開示と孤独感との関連が，青年と高齢者で異なるのであれば，年齢段階は調整変数ですし，アメリカ人と日本人で異なるのであれば，国籍も調整変数といえます。

調整効果のあり方はさまざまです (図 10.1)。先ほどの例のように，女性では相関があり，男性では相関がないというように，関連の有無が異なる場合は調整効果があると言えます。その他にも，女性では強い相関があって，男性では弱い相関があるというように関連の程度が異なる場合や，女性では負の相関，男性では正の相関のように関連の方向が異なる場合も調整効果があることになります。また，中学生と高校生では相関が見られず，大学生だけで相関が見られるなど，調整変数が3つの以上の水準をもつ場合もあります。

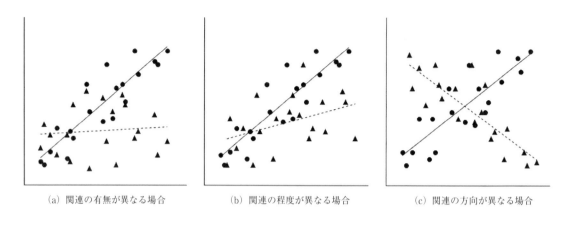

(a) 関連の有無が異なる場合　　(b) 関連の程度が異なる場合　　(c) 関連の方向が異なる場合

図 10.1: さまざまな調整効果

10.1.2　交互作用効果

　ここまで相関係数をイメージしながら調整効果の話をしてきました。一方で，調整効果の有無は，分散分析のなかでも検討されます。特に，2要因以上の分散分析では，調整効果を見いだすことが主目的であると考えることもできます。

　例えば，協同学習の効果を調べるために，協同学習で授業を行うクラスと講義形式で授業を行うクラスで，授業後のテスト成績を比べる実験を計画したとします。また，事前の学力テストの平均値をもとに，学力の高い子と低い子に分けて考えるとします。この場合，通常は成績に対して授業形態×学力の2要因分散分析を行います。このとき，協同学習の授業と講義形式の授業で成績の平均値に差があるかどうかを授業形態の主効果，学力の高い子と低い子で成績の平均値に差があるかどうかを学力の主効果といいます。ただし，2要因分散分析では，主効果よりも交互作用効果に関心があることが多いでしょう。仮に，講義形式で授業を行ったクラスよりも協同学習で授業を行ったクラスの方が成績が良かったものの，その差は学力が低い子の間でだけ見られたとします。この場合，成績に対して授業形態と学力の交互作用効果があったと言います。交互作用効果は，ある要因が従属変数に及ぼす影響の大きさや方向が他の要因の水準によって異なることを指します。これは先に述べた調整効果の説明とほぼ同じです。つまり，授業形態が成績に与える影響に対して，もともとの学力が調整効果をもっていると言い換えることができるのです。

10.1.3　メタ分析における異質性と調整効果

　メタ分析でも調整効果を調べることができます。メタ分析では複数の研究で報告されている効果量を収集しますが，その値は調整変数の水準によって異なっているかもしれません。例えば，自己開示と孤独感の相関係数を収集したとして，もし小学生を対象とした研究と大学生を対象とした研究でその値が明らかに異なっていたら，年齢段階が自己開示と孤独感との関連に対して調整効果をもっている可能性があります。

　メタ分析の文脈では，研究間で効果量が異なることを異質性 (heterogeneity) があると言いま

表 10.1: 自己開示と孤独感の関連についての研究 (架空の例)

研究 ID	対象者	サンプルサイズ (N)	相関係数 (r)
1	小学生	60	-0.55
2	小学生	30	-0.40
3	小学生	110	-0.60
4	大学生	85	-0.10
5	大学生	55	-0.20
6	大学生	60	-0.05

す。反対に，研究間で効果量が異ならないことを等質性 (homogeneity) があると言います。ここで注意が必要なのは，「研究間で効果量が異なる」というのは，実際の研究で報告されている効果量ではなく，その背後に想定される母集団での真の効果量の話だということです (Borenstein et al., 2009)。同じ母集団から何回か対象者を選びだして効果量を計算したとしても，偶然に左右されて毎回その値は異なるでしょう。例えば，トランプをよくきって 4 枚取りだしても，黒と赤が 2 枚ずつ出るとは限りません。1 回目には黒が 3 枚と赤が 1 枚，2 回目には赤ばかり 4 枚出ることもあります。これと同じように，たとえ同じ概念に関する効果量であっても，母集団からどの対象者を選び出したかによってその値は異なります。母集団全体から対象者を選び出すことに伴って，母集団での効果量と実際に計算した効果量の間に生じる差を標本誤差 (sampling error) といいます。研究によって効果量の値が異なる原因の 1 つは標本誤差です。しかし，異質性があるというときには，標本誤差による違いだけでなく，母集団での真の効果量が異なっている状態を指します。

　メタ分析に対してよくなされる批判として，リンゴとオレンジ問題 (apples and oranges problem) があります (Sharpe, 1997)。これは，メタ分析では質的に異なる多様な研究をごちゃ混ぜにしているという批判です。理論を一般化しようとするのであれば，対象者の年齢や国籍を超えて，多様な対象者から得られた研究知見を統合することは重要です。つまり，リンゴやオレンジを含むフルーツ全体の特徴を知ろうとする場合です。一方で，フルーツ全体の特徴を明らかにしたうえで，さらにリンゴとオレンジの特徴を明らかにすることにも意義があるでしょう。そのために，効果量に対してどのような変数が調整効果をもつかを検討することが重要になってくるのです。

§10.2　メタ分析における調整効果の分析

10.2.1　異質性の検討

　メタ分析において調整効果を分析する方法はいくつかあります。ここでは Borenstein et al.(2009) の方法を見ていきましょう。表 10.1 のように，自己開示と孤独感との関連を調べた研究が 6 個あったとします (あくまで架空の例です)。相関係数はいずれも負の値を示しており，自己開示をする人ほど孤独感が低いと言えそうです。しかし，小学生を対象とした研究と大学生を対象とした研究では，相関係数の値が異なっているように見えます。

124   第 10 章 関連の違いを調べる —メタ分析における調整効果—

表 10.2: 固定効果モデルの計算過程

研究 ID	対象者	サンプル サイズ N	相関係数 r	効果量 z	研究内 分散 V	重み W	重み × 効果量 $W \times z$	重み × 効果量 の 2 乗 $W \times z^2$	重み の 2 乗 W^2
1	小学生	60	-0.55	-0.62	0.02	50.00	-31.00	19.22	2500.00
2	小学生	30	-0.40	-0.42	0.04	25.00	-10.50	4.41	625.00
3	小学生	110	-0.60	-0.69	0.01	100.00	-69.00	47.61	10000.00
4	大学生	85	-0.10	-0.10	0.01	100.00	-10.00	1.00	10000.00
5	大学生	55	-0.20	-0.20	0.02	50.00	-10.00	2.00	2500.00
6	大学生	60	-0.05	-0.05	0.02	50.00	-2.50	0.13	2500.00
合計						375.00	-133.00	74.37	28125.00

　分析の考え方としては，効果量の「ばらつき」(分散) を標本抽出によって生じる部分と調整変数の水準の違いによって生じる部分に分割し，前者に比べて後者がどれぐらい大きいかを吟味するという方法をとります。この考え方は，個人差や誤差によるばらつきに比べて，実験操作などの要因によるばらつきがどれぐらい大きいかを調べるという分散分析の考え方と同じです。ここでは，まず 6 個の研究から異質性があると言えるかどうかを検討し，次に小学生と大学生という年齢段階が調整効果をもつかどうかを考えます。

10.2.1.1　固定効果モデル

　まず固定効果モデルを想定して考えます。最初に全研究から母相関係数を推定します。分析にあたって，それぞれの相関係数を Z 変換したものを効果量とします。サンプルサイズから研究内分散 (V) を求め，その逆数を重み (W) とします。続いて，研究ごとに重みと効果量の積，重みと効果量の 2 乗の積，重みの 2 乗を計算します。その後，重みから重みの 2 乗まで，全研究での合計を算出します (表 10.2)。重みと効果量の積の合計を重みの合計で割った値が平均効果量 (M) になるので，その値に Z 変換の逆変換を行ったものが母相関係数の推定値になります。表 10.2 の例では，–133.00 ／ 375.00 ＝ –0.35 ですので，その値に Z 変換の逆変換を行った値 –0.34 が自己開示と孤独感の母相関係数の推定値です。また，標準誤差 (SE) は，重みの合計の逆数の正の平方根ですので，1 ／ 375.00 ＝ 0.0027 の正の平方根 0.05 です (ここまでの計算方法の詳細は第 3 章を参照してください)。

　研究の等質性を調べるために，等質性の指標 (Q) を算出します。Q は，

$$Q = \sum_{i=1}^{k} w_i (z_i - M)^2 \tag{10.1}$$

で求めることができます。k は研究数，z_i は各研究の効果量です。また，

$$Q = \sum_{i=1}^{k} w_i z_i^2 - \frac{(\sum_i^k w_i z_i)^2}{\sum_i^k w_i} \tag{10.2}$$

でも Q を求めることができます。表 10.2 の例では，次のようになります。

$$Q = 74.37 - \frac{(-133.00)^2}{375.00} = 27.20 \tag{10.3}$$

Q は，近似的に 自由度 ＝ 研究数 -1 の χ^2 分布に従うため，研究の等質性に関して検定を行うことができます。これを Cochran の Q 検定といいます。ここでの帰無仮説は，「母集団において効果量は等質である」というものです。この帰無仮説が正しい場合，収集した効果量がばらついているのは，標本誤差だけが原因だと考えられることになります。$Q = 27.20$，自由度 $= 5$ での p 値を求めると，$p = 0.00003$ となるので 0.1% で有意です。つまり，標本誤差の影響だけで効果量が異なっているのではなく，もともと母集団においても効果量にばらつきがあると考えられるのです。

10.2.1.2　変量効果モデル

次に変量効果モデルを想定した場合を考えます。変量効果モデルでは，分散として研究内分散だけでなく研究間分散 (τ^2) を考えます。τ^2 は，母集団における研究間の効果量のばらつきを示す指標で，その推定値 (T^2) は，次のように求めることができます。

$$T^2 = (Q - \text{自由度})/C \tag{10.4}$$

ここでの Q は固定効果モデルの分析で求めたものを用います。分子の $Q - \text{自由度}$ は負の値になることもありますが，その場合には研究間分散を 0 と考えます。C は，次のように計算されます。

$$C = \sum w_i - \frac{\sum w_i^2}{\sum w_i} \tag{10.5}$$

C は，$375.00 - (28125.00 / 375.00) = 300.00$ になるので，研究間分散は，$(27.20 - 5) / 300.00 = 0.07$ となります。

この研究間分散を用いて新たに重みを計算します。変量効果モデルでの重みは，研究内分散と研究間分散の和 (V^*) の逆数で求めます。あとは，固定効果モデルと同様に，個人ごとに効果量と重みの積を算出し，その合計を重みの合計で割った値が，平均効果量 (M^*)，その値に Z 変換の逆変換を行った値が母相関係数の推定値となります。計算過程は表 10.3 の通りです。平均効果量は $-23.36 / 67.42 = -0.35$ で，母相関係数の推定値は -0.34 です。

また，異質性を示す指標として，I^2 という指標を計算することもできます (Higgins et al., 2003)。I^2 は効果量全体の分散に占める研究間分散の割合を示す指標です。実際には，

$$I^2 = (Q - \text{自由度})/Q \times 100 \tag{10.6}$$

126　第 10 章 関連の違いを調べる —メタ分析における調整効果—

表 10.3: ランダム効果モデルの計算過程

研究 ID	対象者	サンプルサイズ N	相関係数 r	効果量 z	研究内分散 V	研究間分散 T^2	効果量分散 Vz^*	重み W^*	重み × 効果量 $W^* \times z$
1	小学生	60	-0.55	-0.62	0.02	0.07	0.09	11.11	-6.89
2	小学生	30	-0.40	-0.42	0.04	0.07	0.11	9.09	-3.82
3	小学生	110	-0.60	-0.69	0.01	0.07	0.08	12.50	-8.63
4	大学生	85	-0.10	-0.10	0.01	0.07	0.09	12.50	-1.25
5	大学生	55	-0.20	-0.20	0.02	0.07	0.09	11.11	-2.22
6	大学生	60	-0.05	-0.05	0.02	0.07	0.09	11.11	-0.56
合計								67.42	-23.36

で計算することができます。表 10.1 の例では，$(27.20 - 5)/27.20 \times 100 = 81.62$ となります。つまり，6 個の研究に見られた効果量のばらつきの 80%ほどは，標本誤差によるものではなく，母集団での効果量のばらつきによるものだということになります。1 つの目安として，Higgins et al.(2003) は，25%を低い異質性，50%を中程度の異質性，75%が高い異質性としています。この例では高い異質性が認められたと言えます。

10.2.2　調整効果の検討

異質性を調べたところ，母集団においても効果量にばらつきがあることがわかりました。ですので，そのばらつきを小学生と大学生という年齢段階の違いで説明できるかどうかを考えます。

まず，グループごとの効果量を計算します。計算方法としては，先ほどの手続きをグループごとに行います。固定効果モデルを想定して分析を行うと表 10.4 のようになります。母相関係数の推定値は，小学生を対象とした 3 研究では -0.56，大学生を対象とした研究では -0.11 となり，差があるように見えます。Q は分散分析と同じ考え方で分割することができます。つまり，次のようになります。

$$\text{全体での } Q = \text{研究間の } Q + \text{研究内の } Q \tag{10.7}$$

研究内の Q は，小学生を対象とした研究の Q と大学生を対象とした研究の Q を足した値で，$1.47 + 0.60 = 2.07$ となります。これを全体の Q から引いた値，$27.20 - 2.07 = 25.13$ が研究間のばらつきを示します。この値も近似的に 自由度 = グループ数 $- 1$ の χ^2 分布に従います。検定を行うと，$Q = 25.13$ は 0.1%で有意となります。つまり，年齢段階の違いによって効果量のばらつきを説明できることになり，年齢段階が自己開示と孤独感との関連に対して調整効果をもっていると言えます。

この例では小学生においても大学生においても Q の値は有意ではありませんでした。ですので，変量効果モデルを想定する必要はあまりなさそうです。もし各グループにおいてもばらつきが見られた場合には，変量効果モデルを想定してグループごとの分析を行うことになります。その詳

表 10.4: 学校段階ごとの結果 (固定効果モデル)

	小学生	大学生	全体
r	-0.56	-0.11	-0.34
V	0.01	0.01	0.00
SE	0.08	0.07	0.05
Q	1.47	0.60	27.2
df	2	2	5
p 値	0.48	0.74	0.00
C	100.00	125.00	300.00
T^2	0.00	0.00	0.07
I^2	0.00	0.00	81.62

細は，Borenstein et al.(2009) や山田・井上 (2012) を参照してください。

§10.3 学校段階による動機づけと成績との関連の違い

10.3.1 やる気と成績

一般的には，やる気を出して勉強すれば，良い成績をとれるのではないかと期待します。親や学校の先生が「やる気を出せ」というのは，1つには良い成績をとってほしいという思いがあるのでしょう。心理学では，やる気を動機づけ (motivation) という概念で捉えます。これまで多くの研究者が，動機づけと学業成績との関連に関心をもってきました。

動機づけの捉え方は研究者によってさまざまです。その1つに自己決定理論 (Deci & Ryan, 2015) があります。自己決定理論では，質的に異なる複数の動機づけを想定しています。特に，「なぜ学習するのか」といった理由の違いから，5つの動機づけ概念を考えます。1つ目は，「授業の内容がおもしろいから」といったように，興味や楽しさから学ぼうとする内発的動機づけです。2つ目は，「勉強することは自分の将来にとって大事だから」というような，学習の重要性から学ぼうとする同一化的調整です。3つ目は，「勉強しておかないと不安だから」あるいは「友だちから頭がいいと思われたいから」など，否定的な感情や自尊感情を満たしたいという取り入れ的調整です。4つ目は，「親から怒られるから」や「お小遣いがもらえるから」など，他の人の指示や報酬につられて学習する外的調整です。5つ目として，「なぜ勉強しないといけないのかがわからない」というように動機づけられていない状態の非動機づけがあります。

これら5つの動機づけの内容を考えると，内発的動機づけが最も成績と関連しそうだと感じるかもしれません。「好きこそ物の上手なれ」というように，興味をもって取り組むことで成績も高まりそうです。内発的動機づけと成績の間に正の関連があることを示す研究もありますが (Jang et al., 2009)，実際には，有意な関連はないと報告している研究もあります (Baker, 2003)。他の動機づけについても，成績との関連は研究によって異なっています。

研究によって動機づけと成績の関連が異なる原因の1つは，学校段階が違うからかもしれませ

128   第 10 章 関連の違いを調べる —メタ分析における調整効果—

表 10.5: 動機づけと成績との相関係数に対するメタ分析の結果 (変量効果モデル)

	研究数	N	母相関係数 の推定値	SE	95%CI	Q	T^2	I^2
内発的動機づけ	19	7953	.14	0.02	[.10, .18]	59.37***	0.01	69.68
同一化的調整	17	7491	.17	0.03	[.11, .24]	117.09***	0.01	86.34
取り入れ的調整	13	6287	.01	0.02	[-.02, .04]	18.18	0.00	34.00
外的調整	14	6714	-.01	0.03	[-.07, .06]	92.13***	0.01	85.89
非動機づけ	9	4677	-.22	0.05	[-.32, -.12]	100.94***	0.02	92.07

*** $p<.001$

ん。動機づけと成績の関連を調べた研究には，小学生を対象としたものから大学生を対象とした
ものまであります。そのため，動機づけと成績との関連に対して，学校段階が調整効果をもって
いる可能性を考えることができます。

10.3.2　動機づけと成績との関連に対する学校段階の調整効果

　岡田 (2012) は，自己決定理論で想定されている 5 つの動機づけと成績との関連を調べた研究を
集めてメタ分析を行っています。まず，オンラインデータベース PsycINFO を用いて文献を検索
しています。5 つの動機づけが提唱された 1985 年 (Deci & Ryan, 1985) から 2010 年までが検索
の対象期間です。データベースでの検索に加えて，自己決定理論の研究をレビューしたいくつか
の論文もチェックしています。適格性基準として，動機づけと成績の相関係数を報告しているこ
とや，潜在変数ではなく測定変数の相関係数を報告しているなどの基準を設けました。その結果，
内発的動機づけについて 19 個，同一化的調整について 17 個，取り入れ的調整について 13 個，外
的調整について 14 個，非動機づけについて 9 個の相関係数を収集しました。それぞれの動機づけ
によって異なりますが，小学生を対象とした研究から大学生を対象とした研究までみられました。
　分析方法としては，Hunter and Schmidt(2004) の方法が用いられていました。ここでは，10.2
節で紹介した Borenstein et al.(2009) の方法で再分析を行ってみます。まず，対象者の学校段階
を分けずに，変量効果モデルを想定して母相関係数を推定しました。その結果は表 10.5 の通りで
す。内発的動機づけと同一化的調整は弱い正の関連を示し，非動機づけは弱い負の関連を示しま
した。取り入れ的調整と外的調整はほぼ無相関でした。
　等質性を示す Q の値を見ると，取り入れ的調整以外はすべて有意であり，研究間のばらつきを
示す I^2 も，取り入れ的調整以外は約 70%から 90%でした。そのため，動機づけと成績の相関を
調整する変数として，学校段階の効果を調べます。研究数を考えて，小学生と中学生を対象とし
た研究，高校生を対象とした研究，大学生を対象とした研究の 3 グループ間での比較を行います。
ただし，非動機づけについては，小学生と中学生を対象とした研究はありませんでした。結果は
表 10.6 のようになりました。研究間の Q は，内発的動機づけに関して有意でした。つまり，内
発的動機づけと成績との相関については，小中学生を対象とした研究と高校生を対象とした研究，
大学生を対象とした研究の間で差があるということです。95%信頼区間を見ると，高校生を対象

表 10.6: 学校段階ごとの動機づけと成績との相関係数に対するメタ分析の結果 (変量効果モデル)

	研究数	N	母相関係数の推定値	SE	95%CI	Q 研究内	Q 研究間
内発的動機づけ							17.28***
小中学生	3	1708	.08	0.02	[.03, .13]	0.37	
高校生	8	31288	.20	0.02	[.16, .23]	6.38	
大学生	8	3117	.10	0.04	[.02, .18]	6.87	
同一化的調整							0.73
小中学生	4	1949	.15	0.05	[.05, .24]	5.57	
高校生	5	2425	.20	0.04	[.12, .27]	4.06	
大学生	8	3117	.17	0.07	[.03, .30]	3.86	
取り入れ的調整							0.39
小中学生	3	1708	-.02	0.06	[-.14, .10]	2.82	
高校生	3	1515	.00	0.03	[-.05, .05]	1.50	
大学生	7	3064	.01	0.02	[-.02, .05]	5.88	
外的調整							4.09
小中学生	3	1708	-.07	0.04	[-.15, .02]	2.68	
高校生	4	1942	-.05	0.08	[-.21, .12]	3.30	
大学生	7	3064	.05	0.04	[-.03, .14]	6.81	
非動機づけ							0.91
小中学生	—	—	—	—	—	—	
高校生	4	1998	-.27	0.05	[-.37, -.17]	2.75	
大学生	5	2679	-.19	0.08	[-.33, -.03]	2.99	

*** $p<.001$

とした研究が小中学生や大学生を対象とした研究よりも相関係数がやや大きいことがわかります。その他の動機づけについては，特に学校段階での違いは見られませんでした。

　メタ分析の結果からは，興味や重要さを感じて取り組むことが成績の高さとやや関連があるということがわかります。また，勉強に対する意味を見いだせずに動機づけを欠いている状態が成績の低さと関連するようです。ただし，興味をもって取り組む内発的動機づけが成績の高さと関連するという効果は，特に高校生で見られるものだと言えるでしょう。

§10.4　調整効果を調べるその他の方法

10.4.1　Hunter and Schmidt の方法

　Hunter and Schmidt(2004) の方法は，アーティファクトの修正を重視することを特徴としています。アーティファクトとは，標本誤差や測定誤差など，効果量に影響を与えうるさまざまな要

130   第 10 章 関連の違いを調べる —メタ分析における調整効果—

因を指します。アーティファクトの修正でよく知られている例は，信頼性の低さによる希薄化の修正です。Hunter and Schmidt(2004) の方法では，可能な限りアーティファクトを修正したうえで，母集団での効果量を推定します。

調整効果を検討する際には，確信区間 (credibility interval) を用います[1]。確信区間は，アーティファクトを修正したうえでの効果量と標準偏差の推定値から与えられる区間で，母集団においてどれぐらい効果量にばらつきがあるかを示します。例えば，95%確信区間は，母集団での効果量の推定値を中心として，そこから標準偏差の推定値×1.96 を引いた値と足した値の間です。そして，この確信区間が十分に大きいか 0 を含んでいる場合には，何かしらの調整変数の存在を想定し，反対に確信区間が小さいか 0 を含んでいない場合には，調整変数を想定せずに単一の母集団であると考えます (Whitener, 1990)。この基準で調整変数の存在が想定される場合には，調整変数の水準ごとに効果量を推定します。

ただし，Hunter and Schmidt(2004) は，調整変数の分析を必ずしも推奨していないようです。研究で得られている効果量のばらつきの大部分はアーティファクトによるもので，きちんとアーティファクトを修正すれば，効果量のばらつきはかなり小さくなるとしています。研究で得られている効果量のばらつきの 75%以上をアーティファクトで説明できるのであれば，調整変数を想定する必要はないという 75%ルールを提案しています。

10.4.2　メタ回帰分析

効果量に対して調整効果をもつ変数が複数想定される場合もあります。例えば，自己開示と孤独感との関連は，対象者の年齢や国籍，調査が行われた年，用いられた尺度の種類など，さまざまな変数によって異なるかもしれません。調整効果をもち得る変数を同時に考慮するために，メタ回帰分析 (meta-regression: Thompson & Higgins, 2002) を行うことができます。通常の重回帰分析では，次のように複数の説明変数 (x) から目的変数 (y) を説明する重回帰式を考えます。

$$y = a + b_1 x_1 + b_2 x_2 + b_3 x_3 \tag{10.8}$$

メタ回帰分析では，調整効果として想定する変数を説明変数，効果量を目的変数とします。先ほどの例でいうと，対象者の年齢，研究が行われた国，調査年，尺度の種類が説明変数，自己開示と孤独感との相関係数 (の Z 変換値) が目的変数になります。

一般的な重回帰分析と同様に，メタ回帰分析では調整変数として連続変量を用いることができます。各研究の対象者の平均年齢を用いるとすると，その値は 0 か 1 かのようなカテゴリではなく，ある研究では 17 歳，他の研究では 35 歳，別の研究では 67 歳というように，連続的な変数となります。また，国籍などの質的な変数を用いる場合には，アメリカ人が 1，日本人が 0 のようなコードを与えたダミー変数を用います。メタ回帰分析では，質的な変数と量的な変数の調整効果を同時に検討することができます。それぞれの説明変数の傾き (b) が正の値になれば，その調整変数の値が大きいほど効果量が大きいということが示されます。

---

[1]第 6 章の確信区間とは別のものです。

参考文献

[1] Baker, S. R. (2003). A prospective longitudinal investigation of social problem-solving appraisals on adjustment to university, stress, health, and academic motivation and performance. *Personality and Individual Differences*, *35*, 569–591.

[2] Baron, R. M., & Kenny, D. A. (1986). The moderator-mediator variable distinction in social psychological research: Conceptual, strategic, and statistical considerations. *Journal of Personality and Social Psychology*, *51*, 1173–1182.

[3] Borenstein, M., Hedges, L. V., Higgins, J. P. T., & Rothstein, H. R. (2009). *Introduction to meta-analysis*. Chichester, UK: Wiley.

[4] Deci, E. L., & Ryan, R. M. (1985). *Intrinsic motivation and self-determination*. New York, NY: Plenum.

[5] Deci, E. L., & Ryan, R. M. (2015). Optimizing students' motivation in the era of testing and pressure: A self-determination theory perspective. In W. C. Liu, J. C. K. Wang, & R. M. Ryan (Eds.), *Building autonomous learners: Perspectives from research and practice using self-determination theory*. Singapore: Springer. pp.9–29.

[6] Franzoi, S. L., & Davis, M. H. (1985). Adolescent self-disclosure and loneliness: Private self-consciousness and parental influences. *Journal of Personality and Social Psychology*, *48*, 768–780.

[7] Higgins, J. P. T., Thompson, S. G., Deeks, J. J., & Altman, D. G. (2003). Measuring inconsistency in meta-analysis. *British Medical Journal*, *327*, 557–560.

[8] Hunter, J. E., & Schmidt, F. L. (2004). *Methods of meta-analysis: Correcting error and bias in research findings* (2nd ed.) Thousand Oaks, CA: Sage.

[9] Jang, H., Reeve, J., Ryan, R. M., & Kim, A. (2009). Can self-determination theory explain what underlie the productive, satisfying learning experiences of collecivistically oriented Korean students? *Journal of Educational Psychology*, *101*, 644–661.

[10] 岡田　涼 (2012). 自律的な動機づけは学業達成を促すか―メタ分析による検討―．香川大学教育学部研究報告第 I 部, *138*, 63–73.

[11] Sharpe, D. (1997). Of apples and oranges, file drawers and garbage: Why validity issues in meta-analysis will not go away. *Clinical Psychology Review*, *17*, 881–901.

[12] Thompson, S. G., & Higgins, J. P. (2002). How should meta-regression analyses be undertaken and interpreted? *Statistics in Medicine*, *21*, 1559–1573.

[13] Whitener, E. M. (1990). Confusion of confidence intervals and credibility intervals in meta-analysis. *Journal of Applied Psychology*, *75*, 315–321.

[14] 山田剛史・井上俊哉 (編) (2012). メタ分析入門―心理・教育の系統的レビューのために―. 東京大学出版会.

133

第11章

時代的な変化を探る —自尊感情の変化に関する時間横断的メタ分析—

§11.1 時代的な変化を探る方法

11.1.1 時代的な変化に対する関心

人が時代によって変わってきているという話をよく耳にします。「昔はもっと○○でしたね」や「現代人の特徴は○○です」など，過去と比べて現代の人々の特徴を指摘するようなコメントは，テレビや雑誌などのメディアにあふれています。犯罪の傾向や経済動向，あるいは子どもの遊び方や友人関係のあり方まで，多岐にわたって時代的な変化が指摘されています。

しかし，そういった時代的な変化は，どれぐらいデータに裏付けられたものなのでしょうか。犯罪傾向や経済動向であれば，犯罪の発生件数や GDP などのデータが長年にわたって蓄積されてきています。一方，子どもの遊び方や友人関係のあり方については，必ずしも客観的なデータが蓄積されているとは限りません。

大久保 (2011) は，「現代の子どもの社会性が低下している」という言説に対して，社会的スキルという視点から検討しています。社会的スキルとは，仲間との相互作用を円滑に行うために必要な能力のことで (伊藤, 2013)，一般的に社会性といわれるものです。大久保 (2011) によると，実際に社会的スキルが「低下している」ことを示した研究は見られなかったとしています。そこで，現代 (2006 年) の小学生に社会的スキルの尺度に回答してもらい，それを同様の尺度に回答した過去の小学生のデータ (戸ヶ崎, 1993；嶋田, 1996) と比較しました。すると，過去の小学生と比べて現代の小学生の社会的スキルの得点は決して低いわけではなく，社会的スキルが低下しているという傾向は見られませんでした。

時代的な変化を指摘していても，それをはっきりと示すデータが存在していなかったり，実際に調べてみると大して変化していなかったりすることはありえます。現代の人々がどのような特徴をもっているのかは多くの人が関心をもつところですが，そういった時代的な変化に関するコメントは，注意深く吟味してみることが必要です。

11.1.2 コーホート分析

時代的な変化を直接調べる方法として，コーホート分析 (cohort analysis) があります。コーホートとは，同時期に生まれたり，共通の出来事を経験したりした人たちの集団を指します。1981 年生まれの日本人，2003 年度卒業の大学生などです。コーホート分析では，いくつかの異なるコーホートに対していくつかの時点で行われた調査データを扱います。例えば，表 11.1 のように，1980 年，1990 年，2000 年，2010 年の 4 時点で，それぞれ 20 歳，30 歳，40 歳，50 歳，60 歳の人たちに調査を行います。1980 年の 20 歳の人たちと 1990 年の 30 歳の人たちは必ずしも同じ人たちでなくても構いません。このデータを分析することで，加齢による影響を示す年齢効果，調査時点

134　第 11 章 時代的な変化を探る —自尊感情の変化に関する時間横断的メタ分析—

表 11.1: コーホート表のイメージ

	1980 年	1990 年	2000 年	2010 年
20 歳	○	○	○	○
30 歳	○	○	○	○
40 歳	○	○	○	○
50 歳	○	○	○	○
60 歳	○	○	○	○

での社会的環境の影響を示す時代効果，共通の経験による影響を示すコーホート効果を明らかに
することができます (Glenn, 2005)。このなかで，時代効果に注目すれば，ある特徴が時代によっ
てどのように変化しているかを明らかにすることができます。

11.1.3　時代的な変化を探ることの難しさ

　コーホート分析は時代的な変化に迫るための有効な分析方法です。しかし，コーホート分析が
力を発揮するのは，コーホート分析に見合ったデータがあるときです。つまり，時代的な変化を
知りたいと思っている変数について，複数のコーホートから得られたデータが数年間にわたって
存在していることが必要です。例えば，20 代，30 代，40 代，50 代という 4 つの年齢グループの
データが，1980 年，1990 年，2000 年，2010 年のそれぞれの時点で集められている場合です。平
均年収や喫煙率，自殺率などの社会統計に関するデータであれば，継続的に収集されている場合
が多いでしょう。しかし，心理学的な変数については，必ずしもコーホート分析を適用できるよ
うなかたちでデータが収集されているとは限りません。もちろん，独自にそういったデータを新
たに収集していくことは可能です。実際に 40〜50 年をかけて知能やパーソナリティに関するデー
タを収集している研究グループもありますが (例えば，Schaie, 2012)，並大抵ではない時間と労
力を必要とするでしょう。また，独自に調査を行ってコーホート分析を行ったとしても，そこか
らわかるのは調査を開始した年以降のことだけです。当然ながら，調査を行う以前からの時代的
な変化についてはわかりません。

§ 11.2　時間横断的メタ分析

11.2.1　時間横断的メタ分析の考え方

　では，どうすれば時代的な変化を明らかにすることができるでしょうか。ここでもメタ分析の手
法が役立ちます。時代的な変化を検討するメタ分析の手法を時間横断的メタ分析 (cross-temporal
meta-analysis; Twenge & Campbell, 2001) といいます。時間横断的メタ分析は，ある変数の平均
値をデータの調査年ごとに統合し，その時代的な変化を明らかにするメタ分析の一手法です。通
常のメタ分析では，相関係数などの効果量を収集して統合することが一般的です。一方，時間横
断的メタ分析では，同一の変数に関する平均値を収集します。そして，図 11.1 のように，調査が

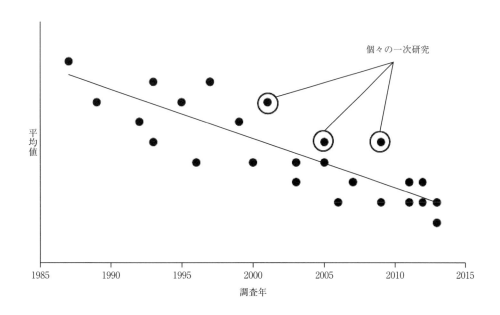

図 11.1: 時間横断的メタ分析のイメージ

行われた年ごとに平均値をプロットすることで，ある変数の強さが時代によってどのように変化してきたかを調べるのです。

メタ分析では，複数の異なる研究者が独自に行ってきた研究を統合することを考えます。ある変数について必ずしも 1 つのグループが継続的に調査をしていなくても，長年にわたって多くの研究者によって研究が行われていれば，研究全体としては継続的にデータが蓄積されていると捉えることができます。例えば，ある研究者が 1980 年に小学生の学習意欲を測定する尺度を作成して，その平均値を 25 点だと報告していたとしましょう。そして，1990 年に他の研究者がその同じ尺度を使って小学生の学習意欲の平均値を 22 点であると報告し，また別の研究者が 2000 年にその尺度を使って小学生の学習意欲の平均値を 20 点だと報告していたとします。その 3 つの平均値を比べれば，間接的にではあるものの，1990 年から 2000 年にかけて小学生の学習意欲が低下している可能性を考えることができます。

時間横断的メタ分析では，複数の一次研究で報告されている平均値を，調査が行われた年に注目して統合します。この方法は，フリン効果に関する研究で用いられていました。Flynn(1984, 1999) は，知能指数を報告している研究を年代ごとにまとめ，近年になるにつれて知能指数が上昇しているというフリン効果を明らかにしました。Flynn(1984) が用いた方法は，時間横断的メタ分析とほぼ同じ発想によるものですが，Flynn 自身はその方法をメタ分析として位置づけていたわけではないようです。

136　　第 11 章 時代的な変化を探る —自尊感情の変化に関する時間横断的メタ分析—

11.2.2　時間横断的メタ分析の方法

　時間横断的メタ分析の手順や実施する際の注意点は，基本的に通常のメタ分析と同じです。関連する文献を検索して研究を収集し，そこから抽出した情報に対してコーディングを行い，統計的手法を用いて統合します。そして，分析の結果を解釈して考察を行います。

11.2.2.1　文献の検索と収集

　まず，研究上の関心がある変数を測定している尺度を特定し，その尺度を使用している文献を検索します (第 2 章参照)。その際，基本的には同一の尺度を用いている研究を収集します。大きな意味では同じ概念を測定するために，複数の尺度が存在している場合があります。例えば，内発的動機づけを測定する尺度には，Intrinsic/Extrinsic Motivation Scale(Harter, 1981) や Children's Academic Motivation Scale (Gottfried, 1985) など複数のものがあります。しかし，平均値を調査年の間で比較することを考えれば，同一の尺度に限定した方がよいでしょう。もちろん，1 つの概念について尺度ごとに分析を行えば，ある 1 つの概念の時代的な変化を多面的に検討でき，有意義な情報を得ることができます。

11.2.2.2　コーディング

　研究を収集したら，適格性基準 (第 2 章参照) を定めて，その基準を満たす研究を分析対象とし，必要な情報をコーディングします。時間横断的メタ分析を行ううえで，特に必要なのは平均値の情報です。平均値以外にも，SD，調査年，サンプルサイズ，男女比，年齢に関する情報 (範囲や平均値，SD)，件法，削除項目などをコーディングします。調査年については，実際に調査が行われた時期が論文中に報告されている場合には，その年をコーディングします。しかし，論文中に調査年が報告されていないこともあります。その場合，Oliver and Hyde(1993) は，その論文が出版された年から 2 を引いた値を調査年の推定値とすることを推奨しています。例えば，2009 年に発表された論文であれば，2007 年を調査年としてコーディングします。これは調査が行われてから論文として掲載されるまでのタイムラグが概ね 2 年であるということを想定しているためです。一方で，小塩ら (2014) は，調査年が報告されている研究をもとに，調査年と論文の出版年との差を調べたところ，平均が 3.22 であったことから，出版年から 3 を引いた値を調査年の推定値としています。

　何件法かについてもコーディングを行います。同じ尺度でも，ある研究では 4 件法，別の研究では 5 件法というように，研究によって異なる件法が用いられていることがあります。件法が違えば得点範囲や 1 点の幅のもつ意味が異なってきます。そのため，オリジナルの件法で調査を実施している研究だけを統合するのか，異なる件法を用いている研究も統合するのかを判断しなければいけません。研究数を確保するために件法が異なる研究も分析に含める場合には，件法をコーディングし，以降の分析でその影響を検討できるようにしておくことが大事です。また，件法が異なる研究を含める際には，次の式を用いて得点幅を揃えます (小塩ら，2014)。

$$\frac{(平均値 - もとの件法の中央値) \times 変換後の件法の範囲}{もとの件法の範囲} + 3 \tag{11.1}$$

例えば，7件法で5点という平均値を5件法に換算し直す場合には，$((5-4)\times4)/6+3\fallingdotseq3.67$
となります。この変換を行う前には，合計得点ではなく，1項目あたりの得点に変換しておくこと
が必要です。

11.2.2.3　分析の方法

　分析にあたっては，収集した研究で報告されている平均値 (同じ件法に揃えた値) を調査年ごと
にプロットします。横軸 (x 軸) を調査年，縦軸 (y 軸) を平均値としてそれぞれの研究をプロット
すれば，平均値の推移を見てとることができます。調査年と平均値との関連を数量的に評価する
ためには，調査年から平均値を予測する回帰分析を行います。基本的な回帰式は，次のようにな
ります。

$$y_i = a + bx_i + e_i \tag{11.2}$$

x_i は調査年，y_i は各研究での平均値です。a は切片，b は傾き，e_i は誤差です。傾きは x が 1
単位増えたときの y の増分を示し，調査年が 1 年後になると平均値が何点上がるかを示します。
また，ある調査年が後になるほど，平均値の高まり方が急になったり，逆に緩やかになったりす
るなど，変化の仕方が調査年に伴って異なることを想定する場合には，調査年の二次項を回帰式
に含めることもできます。その場合には，次のようになります。

$$y_i = a + b_1 x_i + b_2 x_i^2 + e_i \tag{11.3}$$

分析を行う際には，サンプルサイズによる重み付けを行います。サンプルサイズ以外にも，Twenge
and Campbell(2001) は個々の研究での標準偏差を 2 乗したものにサンプルサイズの逆数を掛けた
値の逆数を重みとして用いています。しかし，この重み付けによる結果は，サンプルサイズによ
る重み付けを行った分析の結果とほぼ同様であったとしています。

　回帰分析の結果を解釈するうえでは傾きに注目します。その際，標準化係数 (β) ではなく非標
準化係数 (B) に注目した方がよいでしょう。回帰分析における標準化係数は，説明変数 (x)$1SD$
あたりの目的変数 (y) の増加分を示します。しかし，説明変数にあたる調査年の $1SD$ 分というの
は解釈が困難です。非標準化係数であれば，説明変数のもとの 1 単位あたりの目的変数の変化量
がわかります。つまり，調査年が 1 年経つことによって，目的変数の平均値が何点変化したのか
を知ることができるのです。

　また，ある年からある年までの変化を示す指標として効果量 d を算出することもあります (Twenge
& Foster, 2010)。ここでの効果量 d は，

$$\text{非標準回帰係数} \times \text{調査年の範囲／個々の研究における標準偏差の平均} \tag{11.4}$$

で求めることができます。

11.2.3　時間横断的メタ分析を用いた海外の研究例

　海外においては，1990 年代になって時間横断的メタ分析を用いた研究が報告されるようになっ
てきました。特に，質問紙によって測定されるパーソナリティ変数の時代的変化を調べた研究が
多く見られます。研究例を表 11.2 と表 11.3 に示します。

138   第 11 章 時代的な変化を探る —自尊感情の変化に関する時間横断的メタ分析—

表 11.2: 時間横断的メタ分析を用いた研究の例

研究	対象とした概念	対象	調査年	研究数
Clark et al.(2015)	孤独感	大学生	1978 年〜2009 年	48 研究
Konrath et al.(2014)	愛着スタイル	大学生	1988 年〜2011 年	94 研究
Mackenzie et al.(2014)	メンタルヘルスサービスの利用に対する態度	大学生	1968 年〜2008 年	22 研究
Twenge(2001)	外向性	大学生	1966 年〜1993 年	59 研究
Twenge & Campbell(2001)	自尊感情	小学生〜大学生	1984 年〜1994 年	199 研究 (RSES) 156 研究 (CSEI)
Twenge et al.(2010)	精神病理	高校生，大学生	1938 年〜2007 年	14 研究 (高校生) 117 研究 (大学生)
Twenge et al.(2008)	自己愛	大学生	1982 年〜2006 年	85 研究
Wongupparaj et al.(2015)	知能	2 歳〜80 歳	1950 年〜2014 年	405 研究

　Twenge and Campbell(2001) は，アメリカ人の自尊感情について時間横断的メタ分析を行っています。自尊感情とは，自分自身に対する肯定的な評価のことです。自尊感情を測定する尺度としては，Rosenberg Self-Esteem Scale(RSES: Rosenberg, 1965) と Coopersmith Self-Esteem Inventory(CSEI: Coopersmith, 1967) がよく使われてきました。文献検索によって，RSES を用いた 199 研究，CSEI を用いた 156 研究を収集し，分析を行いました。すると，大学生では 1960 年代から 1990 年代にかけて RSES の平均値が高まっていました。また，小学生と中学生について CSEI の得点の変化をみると，1970 年代から 1980 年代にかけて一度低下するものの，その後 1990 年代にかけて上昇する傾向が見られました。さらに，Gentile et al.(2010) は，大学生を対象に 4 件法で RSES を実施した研究を統合して，1988 年から 2008 年にかけて平均値が上昇していることを報告しています。この 2 つの研究から，アメリカ人においては，1960 年代以降一貫して自尊感情が上昇していることがわかります。

　青年の自己愛についても時間横断的メタ分析を用いた研究があります。自己愛は，自己に対する誇大な感覚や評価に対する過敏性を特徴とする心理特性で (川崎, 2011)，もともとはパーソナリティ障害の一類型として登場してきたものですが，一般的なパーソナリティを捉える概念としても注目されています。Twenge et al.(2008) は，自己愛人格目録 (Narcissistic Personality Inventory: NPI) で測定されたアメリカの大学生の自己愛について，1982 年から 2006 年までの変化を調べました。その結果，NPI の得点は近年になるにつれて上昇していることが示されました。この上昇傾向は 2009 年まで調査年を広げても見られています (Twenge & Foster, 2010)。

表 11.3: 時間横断的メタ分析を用いた研究の例－続き－

研究	主な結果
Clark et al.(2015)	近年になるにつれて，孤独感が低下していた。特に女性の低下が大きかった。
Konrath et al.(2014)	近年になるにつれて，安定型の割合が減少し，拒絶型の割合が増加していた。
Mackenzie et al.(2014)	近年になるにつれて，メンタルヘルスサービスの利用に対する態度が否定的になっていた。
Twenge(2001)	近年になるにつれて，外向性が上昇していた。
Twenge & Campbell(2001)	大学生では，近年になるにつれて，自尊感情が上昇していた。小中学生では，1970 年代から 1980 年代にかけて一度低下し，その後上昇していた。
Twenge et al.(2010)	近年になるにつれて，MMPI の精神病理に関する多くの尺度で得点が上昇していた。
Twenge et al.(2008)	近年になるにつれて，自己愛が上昇していた。
Wongupparaj et al.(2015)	近年になるにつれて，Raven Progressive Matrices で測定される IQ が上昇していた。

§ 11.3 日本人の自尊感情の時代的変化

11.3.1 日本人の自尊感情の特徴

日本人の自尊感情の時代的な変化について，時間横断的メタ分析によって調べた研究 (小塩ら, 2014) を見てみましょう。一般的に，日本人は自尊感情が低いとされます。そのことは，実証的な研究からも示されています。Schmitt and Allik(2005) は，53ヶ国の大学生に対して各国で用いられている言葉に翻訳された RSES を実施し，その得点を比較しました。すると，日本人の自尊感情は53ヶ国中最下位でした。最も高かったセルビア人と比べると，効果量 (d) にして 1.77 の差がありました。

日本人の自尊感情が低いことについて，2 つの可能性を考えることができます。1 つは，もともと日本人は自尊感情が低かったという可能性です。Schmitt and Allik(2005) の国際比較調査は 2000 年代に行われましたので，現代の人々の特徴を反映しているといえます。その調査のずっと前から変わらず日本人の自尊感情は低かったのかもしれません。もう 1 つの可能性として，日本人の自尊感情が近年になって低下してきていることが考えられます。もともと日本人の自尊感情は，特に低いわけではなかったのが，近年になるにつれて低下してきたために，世界的に見たときに低くなってしまったのかもしれません。いずれが正しいのかを判断するためには，自尊感情が時代によってどのように変わってきたのかを知ることが必要です。

11.3.2 日本人の自尊感情に関する時間横断的メタ分析

小塩ら (2014) は，日本人の自尊感情が時代によってどのように変化してきたかを時間横断的メタ分析によって調べました。日本では，RSES の日本語版が比較的よく使用されてきたため，RSES の平均値を対象にしています。

140   第 11 章 時代的な変化を探る —自尊感情の変化に関する時間横断的メタ分析—

　文献検索として，『心理学研究』や『教育心理学研究』など，心理学に関する代表的な学術雑誌7誌について，1980 年 1 月から 2013 年 3 月までに掲載された論文をすべてチェックしました。また，1979 年以前の論文については，国立情報学研究所による論文情報ナビゲータである CiNii と科学技術振興機構による電子ジャーナルサイトである J-STAGE で検索を行っています。2 つの検索方法でヒットした論文について，適格性基準を定めたうえで研究を選定しました。例えば，平均値かサンプルサイズのどちらかを報告していない研究や事例研究などは除外されています。最終的に 123 論文で報告されている 256 の平均値が分析対象となりました。

　コーディングされた情報は，自尊感情の平均値，サンプルサイズ，件法，翻訳の種類，調査年，対象者の年齢段階です。件法については，4 件法や 5 件法などバリエーションが見られたため，すべて 5 件法に換算した得点に変換されています。翻訳の種類として，RSES の日本語版には複数のものがあります (星野，1970; 桜井，1970; 山本ら，1982 など)。翻訳の違いが平均値に影響する可能性を検討するために，翻訳種の情報もコーディングしています。調査年については，本文に記述があるものはそのままコーディングし，記述がないものについては論文の出版年から 3 を引いた値を調査年の推定値としています。対象者の年齢段階については，中高生，大学生，成人，高齢者 (60 歳以上) に分類されました。

　分析としては，調査年から自尊感情の平均値を予測する重回帰分析が行われています。平均値に影響を与えうる変数として，翻訳の種類，件法，年齢段階が説明変数に加えられています。翻訳の種類については，山本ら (1982) が 1，それ以外が 0 とされています。件法については，5 件法が 1，それ以外が 0 とされています。年齢段階については，大学生が基準となるように 3 つの変数が作られました。中高生であることを示す変数，成人を示す変数，高齢者を示す変数です。このように質的な変数に 0 から 1 の値を付したものをダミー変数と呼びます。さらに，調査年と自尊感情の平均値との関係が直線的なものではない可能性を考慮して，調査年の 2 乗項が加えられました。したがって，重回帰式は，次のようになります。

$$自尊感情の平均値 = a + b_1 \times 翻訳の種類 + b_2 \times 件法 + b_3 \times 年齢段階_1 + b_4 \times 年齢段階_2$$
$$+ b_5 \times 年齢段階_3 + b_6 \times 調査年 + b_7 \times 調査年^2 + e_i$$

(11.5)

　また，各平均値をサンプルサイズで重み付けています。実際には，Twenge and Campbell(2001) と同様に，IBM SPSS の WLS コマンドが用いられています。

　結果は表 11.4 の通りです。非標準化係数 (B) をみると，調査年の傾きが有意であり，自尊感情の平均値に影響していることがわかります。調査年の傾き (b_6) は −0.01 です。つまり，調査年が1 年現在に近づくごとに，自尊感情の平均値が 0.01 点下がっていることになります。最初に自尊感情の平均値が報告された 1984 年から 2010 年までの 26 年間では，$26 \times 0.01 = 0.26$ 点低下していることになります。調査年の 2 乗項の傾きは有意ではありませんでしたので，低下の仕方は直線的なものであると言えます。

　また，表 11.4 からは，5 件法で実施された研究は他の件法で実施された研究よりも 0.10 点高いこと，大学生と比べて中高生は 0.23 点低く，成人は 0.30 点高く，高齢者者は 0.27 点高いことがわかります。

　研究全体での分析に続いて，年齢段階ごとの分析も行われています。調査年の傾きは，中高生で −0.02，大学生で −0.01，成人で −0.01，高齢者で −0.02 でした (ただし，高齢者では有意では

表 11.4: 自尊感情の平均値に対する重回帰分析の結果 (小塩ら, 2014 をもとに作成)

	B	$SE\ B$	95%信頼区間	β
定数 (a)	3.06	0.03	[3.00, 3.12]	
尺度の特徴				
翻訳の種類 (b_1)	0.03	0.03	[-0.03, 0.08]	.05
件法 (b_2)	0.10	0.03	[0.05, 0.16]	.18**
年齢段階				
中高生 (b_3)	-0.23	0.03	[-0.29, -0.17]	-.40***
成人 (b_4)	0.30	0.03	[0.24, 0.37]	.44***
高齢者 (b_5)	0.27	0.06	[0.15, 0.39]	.21***
調査年				
年 (b_6)	-0.01	0.00	[-0.02, -0.01]	-.22***
年の 2 乗 (b_7)	0.00	0.00	[-0.00, 0.00]	-.07
説明率 (R^2)				.52***

$**p < .01,\ ***p < .001$

ありませんでした)。大学生では調査年の 2 乗項の傾きも有意でした。調査年を x 軸，自尊感情の平均値を y 軸として，年齢段階ごとにプロットしたものが図 11.2 です。中高生と成人では，近年になるにつれて直線的に低下してきており，大学生では 2000 年代以降に低下してきていることがわかります。

11.3.3 　時間横断的メタ分析からわかったこと

　現代の日本人の自尊感情の低さが指摘されていましたが，その一因には自尊感情が低下してきていることがあるかもしれません。アメリカ人では，近年になるにつれて自尊感情が上昇する傾向が見られていましたが (Gentile et al., 2010; Twenge & Campbell, 2001)，日本人ではそれとは逆の傾向が見られました。他にも，中国の中高生の自尊感情に対する時間横断的メタ分析 (Liu & Xin, 2015) では，日本と同様に近年に近づくにつれて低下していることが示されています。自尊感情の時代的な変化には文化的な影響がありそうです。

　ただし，日本人の自尊感情が低下してきている原因についてはわかりません。小塩ら (2014) の時間横断的メタ分析で明らかになったのは，1980 年代から 2000 年代にかけて日本人の自尊感情が低下してきているということまでです。Twenge and Campbell(2001) は，年ごとの犯罪率や失業率といった社会統計指標と自尊感情との関連を調べ，社会情勢の変化と自尊感情の変化との関連を推測しています。年代によって異なる要因との関連を調べることで，日本人の自尊感情の時代的な変化が何によって説明できるのかをさらに調べていくことが必要です。

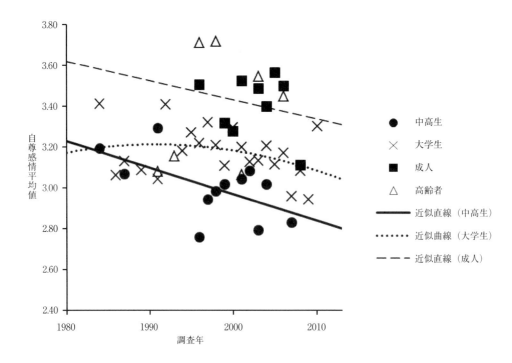

図 11.2: 調査年，年齢段階ごとの自尊感情の推定周辺平均および近似線 (小塩ら，2014 をもとに作成)

§11.4 時間横断的メタ分析の意義と限界

本章では時間横断的メタ分析について見てきました。現代の人々の特徴を考えるうえで，時代的な変化を明らかにできる時間横断的メタ分析は有用な研究方法だと言えるでしょう。時代的な変化については，データに基づかずに印象だけで述べられていることもあるように思います。時間横断的メタ分析を適切に用いることで，根拠をもって時代的な変化について言及することができるようになります。

一方で，時間横断的メタ分析に対しては，いくつかの批判もあります。例えば，Trzesniewski and Donnellan(2010) は，自己愛に関する時間横断的メタ分析の結果 (Twenge et al., 2008) に応じるかたちで，恣意的標本抽出 (convenience sampling) の問題と生態学的誤謬 (ecological fallacy) の問題を指摘しています。

調査を行う際には，母集団からすべての対象者が等しい確率で選ばれるような無作為抽出が理想です。しかし，実際には「特定の大学での心理学の授業を履修している大学 1 年生」を調査対象とするような，無作為とはいえない恣意的な標本抽出が行われることがよくあります。時間横断的メタ分析で統合される一次研究も，そのほとんどは恣意的標本抽出に基づいているかもしれません。そのため，時間横断的メタ分析の結果も，どこまで一般化して考えることができるのかが疑問だと言うのです。

生態学的誤謬とは，集団ごとにまとめられたデータをもとにした関連から，個人レベルの関連について結論を引き出すことを指します。例えば，学力テストの成績と自尊感情を尋ねる質問への回答について，学校ごとの平均値を算出し，2つの平均値間に強い相関が見られたとします。すると，「学力テストの高い子どもは自尊感情も高い」と考えてしまいがちですが，これは必ずしも正しくありません。学校という集団レベルでのデータで見られた関連をもとに，個人レベルでの関連に言及しているからです。Robinson(1950) は，集団ごとにまとめられたデータで得られた相関係数は，個人レベルでの相関係数と大きく異なり，ときには正負の方向性まで逆になる場合があることを指摘しています。Trzesniewski and Donnellan(2010) は，調査年と調査年ごとの平均値との関連を調べることも，この生態学的誤謬にあたるとしています。

時間横断的メタ分析には限界や批判もあります。しかし，通常の一次研究では明らかにすることが難しい時代的な変化にアプローチできるという点では，有効な方法だと言えます。方法論上の限界や欠点を踏まえたうえで，時間横断的メタ分析を適切に用いることが必要です。

参考文献

[1] Clark, D. M. T., Loxton, N. J., & Tobin, S. J. (2015). Declining loneliness over time: Evidence from American colleges and high schools. *Personality and Social Psychology Bulletin, 4*, 78–89.

[2] Coopersmith, S. (1967). *The antecedents of self-esteem*. New York, NY: Freeman.

[3] Flynn, J. R. (1984). The mean IQ of Americans: Massive gains 1932 to 1978. *Psychological Bulletin, 95*, 29–51.

[4] Flynn, J. R. (1999). Searching for justice: The discovery of IQ gains over time. *American Psychologist, 54*, 5–20.

[5] Gentile, B., Twenge, J. M., & Campbell, W. K. (2010). Birth cohort differences in self-esteem, 1988-2008: A cross-temporal meta-analysis. *Review of General Psychology, 14*, 261–268.

[6] Glenn, N. D. (2005). *Cohort analysis* (2nd ed.). Thousand Oaks, CA: Sage.

[7] Gottfried, A. E. (1985). Academic intrinsic motivation in elementary and junior high school students. *Journal of Educational Psychology, 77*, 631–635.

[8] Harter, S. (1981). A new self-report scale of intrinsic versus extrinsic orientation in the classroom: Motivational and informational components. *Developmental Psychology, 17*, 300–312.

[9] 星野 命 (1970). 感情の心理と教育 (2). 児童心理, *24*, 1445–1477.

[10] 伊藤順子 (2013). 社会性の形成 日本パーソナリティ心理学会 (企画) 二宮克美・浮谷秀一・堀毛一也・安藤寿康・藤田主一・小塩真司・渡邊芳之 (編) パーソナリティ心理学ハンドブック. 福村出版. pp.188–200.

[11] 川崎直樹 (2011). 自己愛の心理学的研究の歴史 小塩真司・川崎直樹 (編著) 自己愛の心理学—概念・測定・パーソナリティ・対人関係—. 金子書房. pp.2–21.

[12] Konrath, S. H., Chopik, W. J., Hsing, C. K., & O'Brien, E. (2014). Changes in adult attachment styles in American college students over time: A meta-analysis. *Personality and Social Psychology Review, 18*, 326–348.

[13] Liu, D., & Xin, Z. (2015). Birth cohort and age change in the self-esteem of Chinese Adolescents: A cross-temporal meta-analysis, 1996-2009. *Journal of Research in Adolescence, 25*, 366–376.

[14] Mackenzie, C. S., Erickson, J., Deane, F. P., & Wright, M. (2014). Changes in attitudes toward seeking mental health services: A 40-year cross-temporal meta-analysis. *Clinical Psychology Review, 34*, 99–106.

[15] 大久保智生 (2011). 現代の子どもや若者は社会性が欠如しているのか―コミュニケーション能力と規範意識の低下言説からみる社会― 大久保智生・牧 郁子 (編) 実践をふりかえるための教育心理学―教育心理にまつわる言説を疑う―. ナカニシヤ出版. pp.113–128.

[16] Oliver, M. B., & Hyde, J. S. (1993). Gender differences in sexuality: A meta-analysis. *Psychological Bulletin, 114*, 29–51.

[17] 小塩真司・岡田 涼・茂垣まどか・並川 努・脇田貴文 (2014). 自尊感情平均値に及ぼす年齢と調査年の影響―Rosenberg の自尊感情尺度日本語版のメタ分析―. 教育心理学研究, *62*, 273–282.

[18] Robinson, W. S. (1950). Ecological correlations and the behavior of individuals. *American Sociological Review, 15*, 351–357.

[19] Rosenberg, M. (1965). *Society and the adolescent self-image*. Princeton, NJ: Princeton University Press.

[20] 桜井茂男 (1997). 現代に生きる若者たちの心理. 風間書房.

[21] Schaie, K. W. (2012). *Developmental influences on adult intelligence: The Seattle longitudinal study* (2nd ed.). New York, NY: Oxford University Press.

[22] Schmitt, D. P., & Allik, J. (2005). Simultaneous administration of the Rosenberg Self-Esteem Scale in 53 nations: exploring the universal and culture-specific features of global self-esteem. *Journal of Personality and Social Psychology, 89,* 623–642.

[23] 嶋田洋徳 (1995). 児童生徒の心理的ストレスと学校不適応に関する研究. 早稲田大学大学院人間科学研究科博士論文.

[24] 戸ヶ崎泰子 (1993). 児童の社会的スキルが学校適応感に及ぼす影響. 早稲田大学大学院人間科学研究科博士論文.

[25] Trzesniewski, K. H., & Donnellan, M. B. (2010). Rethinking "Generation Me": A study of cohort effects from 1976–2006. *Perspectives on Psychological Science, 5,* 58–75.

[26] Twenge, J. M. (2001). Birth cohort changes in extraversion: A cross-temporal meta-analysis, 1966–1993. *Personality and Individual Differences, 30,* 735–748.

[27] Twenge, J. M., & Campbell, W. K. (2001). Age and birth cohort differences in self-esteem: A cross-temporal meta-analysis. *Personality and Social Psychology Review, 5,* 321–344.

[28] Twenge, J. M., & Foster, J. D. (2010). Birth cohort increases in narcissistic personality traits among American college students, 1982–2009. *Social Psychological and Personality Science, 1,* 99–106.

[29] Twenge, J. M., Gentile, B., DeWall, C. N., Ma, D., Lacefield, K., & Schurtz, D. R. (2010). Birth cohort increases in psychopathology among young Americans, 1938–2007: A cross-temporal meta-analysis of the MMPI. *Clinical Psychology Review, 30,* 145–154.

[30] Twenge, J. M., Konrath, S., Foster, J. D., Keith Campbell, W., & Bushman, B. J. (2008). Egos inflating over time: A cross-temporal meta-analysis of the Narcissistic Personality Inventory. *Journal of Personality, 76,* 875–902.

[31] Wongupparaj, P., Kumari, V., & Morris, R. G. (2015). A cross-temporal meta-analysis of Raven's Progressive Matrices: Age groups and developing versus developed countries. *Intelligence, 49,* 1–9.

[32] 山本真理子・松井 豊・山成由紀子 (1982). 認知された自己の諸側面の構造. 教育心理学研究, 30, 64–68.

第12章

メタ分析のためのソフトウェア

ここではメタ分析を行うためのソフトウェアについて紹介します。

表 12.1: メタ分析ソフトウェア

名称	無料／有料	メタ分析機能	補足
Stata	有料	基本・プロット・サブグループ分析・バイアス分析・回帰・多変量・欠損値・SEM・NMA, 他	Ver.14 から日本語が使用可
SPSS	有料	—	SPSS 自体にメタ分析の機能はない。ユーザーが開発したマクロが http://mason.gmu.edu/ dwilson-b/ma.html で公開されている。ただし，古いため SPSS のバージョン次第では動かない。
EXCEL	有料	—	論文や書籍を参照して自分で統計量を計算する。
R	無料	基本・プロット・サブグループ分析・バイアス分析・回帰・多変量・欠損値・SEM・NMA, 他	R の知識が必要。
MetaAnalyst	無料	基本・プロット・サブグループ分析・バイアス分析・回帰・ベイズ推定, 他	オープンソースプロジェクトの1つ。計算には R や Open-Bugs を利用。すべて英語
Review Manager 5 (RevMan 5)	有料（商業目的）／無料（Cochrane Reviews・教育目的）	基本・プロット・サブグループ分析・バイアス分析他	
EZR	無料	基本・バイアス分析・回帰	自治医科大学附属さいたま医療センターの神田善伸氏開発。計算には R を利用

148　第 12 章 メタ分析のためのソフトウェア

§12.1　Stata によるメタ分析

ここでは Stata によるメタ分析について紹介します。Stata ではメタ分析が可能です。しかし，統計メニューから選択して利用することができません。現在のバージョンではコマンドから入力して使うことになります。

最初に一度だけやっておく必要があることがあります。それはユーザー作成のマクロをインストールすることです。Stata のメニューの「ヘルプ」から「Stata ジャーナル／ユーザ作成コマンド」を選択します。「New Packages」の「Search...」を選択して，キーワード検索で「meta-analysis」と入力してみましょう。たくさんの情報がリスト表示されますが，下にスクロールしていくと「metaan」「extfunnel」「metabias」「metafunnel」などメタ分析関係のマクロが出てきますので必要なものをクリックします。するとそのマクロの概要と右横に「 (click here to install)」という表示が出ますので，それをクリックしたらインストールは終了で，利用可能になります。

ここでは簡単にメタ分析関連のものを表 12.2 にして示しておきます。実際には非常に多くのコマンドとそのオプションがあり，ここには書き切れません。Palmer and Sterne(2016) の Meta-Analysis in Stata -An Updated Collection from the Stata Journal には，コマンドの詳細と実際の論文や数値例，数式の紹介がありますので，分析を行いたい場合には参照するとよいでしょう。

表 12.2: Stata のメタ分析コマンド

コマンド	メタ分析を適用する分析手法
metan	基本メタ分析：固定効果，変量効果
metaan	変量効果メタ分析，metan の拡張版
metacum	累積効果の検討。研究の公表年を追っての分析など
metap	p 値のメタ分析
metareg	メタ回帰分析
metabias	出版バイアスやじょうごプロットの非対称性の検討
metatrim	ノンパラによる出版バイアスの検討
extfunnel	じょうごプロット
confunnel	じょうごプロットの等高線図 (塗りつぶし版)
metandi	診断精度研究のメタ分析
mvmeta	多変量変量効果メタ分析
indirect	ネットワークメタ分析
network **	ネットワークメタ分析のためのプログラム群とオプション
metamiss	欠損値のある二値データのメタ分析
sem	共分散構造分析 (SEM) のメタ分析
gsem	一般化共分散構造分析のメタ分析
glst	用量-反応関係の傾向に関する一般化線形モデル

12.2. 分析例　149

§12.2　分析例

ここでは第7章で示した表7.2を分析するとしましょう。

表 12.3: 分析例：再掲 (表 7.2)

No	人数 (N)	効果量 (es)	標準誤差 (se)
1	100	4.78	1.12
2	68	3.29	2.13
3	123	12.39	0.70
4	140	1.93	1.02
5	150	-5.49	0.85
6	36	0.75	2.00
7	85	-7.14	0.54
8	185	-0.56	1.33
9	135	8.39	1.09
10	59	9.13	1.10

12.2.1　Stata による固定効果のメタ分析

　Stata の通常のメタ分析を行ってみましょう。まず，データの入力ですが，Stata では多彩な入力方法が選べます。メニューの「ファイル」→「インポート」を選べば，Excel ファイルや csv ファイル，テキストデータを読み込めます。この仮想例のように少ないデータなら，Stata の表計算風の画面から直接入力した方が早いかもしれません。

　メタ分析のメニューはありませんので，コマンドを入力しなくてはなりません。「metaan」がメタ分析のコマンドで，その後に効果量を表す変数名，そして標準誤差を表す変数名を指定します。ここでは効果量を es，標準誤差を se としています。カンマに続いてオプションを指定します。固定効果を現すオプションは Fixed Effect から「fe」です。大文字と小文字は区別されるので小文字で入力します。最後に「forest」を指定して森プロットを表示するように指示しています。もし，標準誤差の代わりに分散を使う場合には，あとのオプションに「varc」を付け加えれば，それに対応した処理がされます。

```
metaan es se, fe forest
```

　出力には全体効果の平均と 95%信頼区間，Cochrane の Q と検定結果，I^2，H^2，τ の 2 乗の推定値 $\hat{\tau}^2$ が出力されます。

　ここでは全体効果の平均は 1.243，95%信頼区間は 0.661 から 1.826 となります。

150　第 12 章 メタ分析のためのソフトウェア

```
Fixed-effects method selected
------------------------------------------------------------------
       Study       |   Effect    [95% Conf. Interval]   % Weight
-------------------+----------------------------------------------
1                  |    4.780     2.585      6.975       7.04
2                  |    3.290    -0.885      7.465       1.95
3                  |   12.390    11.018     13.762      18.03
4                  |    1.930    -0.069      3.929       8.49
5                  |   -5.490    -7.156     -3.824      12.23
6                  |    0.750    -3.170      4.670       2.21
7                  |   -7.140    -8.198     -6.082      30.30
8                  |   -0.560    -3.167      2.047       5.00
9                  |    8.390     6.254     10.526       7.44
10                 |    9.130     6.974     11.286       7.30
-------------------+----------------------------------------------
Overall effect (fe)|    1.243     0.661      1.826     100.00
------------------------------------------------------------------


Heterogeneity Measures
-----------------------------------------------------
                |    value    df    p-value
----------------+------------------------------------
Cochrane Q      |   664.98     9     0.000
I^2 (%)         |    98.65
H^2             |    72.89
tau^2 est(dl)   |    69.481
-----------------------------------------------------
```

12.2.2　Stata による変量効果のメタ分析

　やり方は固定効果と同じです。唯一違うのは metaan で fe と指定する代わりに dl とするだけです。この dl は DerSimonian-Laird の変量効果から頭文字をとっています。

```
metaan es se, dl forest
```

　結果は固定効果の時と同じようなフォーマットで出力されますので省略しますが，全体効果の平均は 2.746，95%信頼区間は −2.481 から 7.972 となります。

　この結果は固定効果とかなり異なっていますが，出力される I^2 は 98.65%と非常に高く，これは研究間の異質性を示していますので，本当なら分析に含める研究自体を再考すべきところです。ここでは例示のための仮想例なので，このまま進めますが，少なくとも固定効果モデルは不適切ということがわかります。当然，研究間の変動を考慮した変量効果の計算方法では推定された値が固定効果とは大きくなってきます。

　表 12.4 には利用できる分析法とそのコマンドオプションを示しています。

表 12.4: Stata の metaan で利用できる分析法の種類

コマンドオプション	方法
fe	固定効果
dl	DerSimonian-Laird の変量効果
ml	最尤推定法による変量効果
reml	制限付き最尤推定法による変量効果
pl	プロファイル尤度による変量効果
pe	組み替え法による変量効果

12.2.3 Stata によるプロットやバイアスの検定

次のコマンド例は 2 種類のじょうごプロットと小さいサイズの研究の効果の検定を行う例です。

```
metafunnel es se
extfunnel es se
metabias es se, egger
```

Stata のプロット画面にそれぞれのじょうごプロットが表示され，Egger の検定結果が表示されます。

```
Egger's test for small-study effects:
Regress standard normal deviate of intervention
effect estimate against its standard error

Number of studies =  10                        Root MSE    =   8.667
-----------------------------------------------------------------------------
    Std_Eff |    Coef.   Std. Err.      t    P>|t|    [95% Conf. Interval]
------------+----------------------------------------------------------------
      slope | -4.708347   6.941495    -0.68   0.517   -20.71546    11.29877
       bias |  6.818395    7.38429     0.92   0.383   -10.20981     23.8466
-----------------------------------------------------------------------------

Test of H0: no small-study effects          P = 0.383
```

§ 12.3 ネットワークメタ分析 (NMA)

ネットワークメタ分析はあまり聞き慣れないかもしれませんが，医学系のデータベース Medline で学術専門誌に限定して調べると 2002 年に network meta-analysis という言葉が最初に見られ，2016 年までには 1287 件がヒットします。心理系の PsycINFO でも同じ期間で 171 件がヒットします。年々利用が増えている新しい手法です。

特に治療薬の効果の比較・評価などで多用されていますが，心理学の方面でも心理療法の効果性を比較した研究などが出てきています (例えば，Xu & Tracey, 2016)。

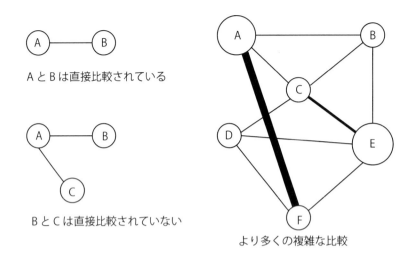

図 12.1: ネットワークメタ分析の例

　通常のメタ分析では複数の研究結果を統合したうえで，ある要因を比較するのが普通です．実験群と統制群の比較のような実験計画の統合です．その場合，メタ分析に含まれる要因となる対象は直接に比較された2つのみです．

　しかし，比較される対象が複数あり，しかも直接比較されていない対象もある場合には対応できません．その場合に，複数の対象を同時に比較し，直接に比較されていない対象の効果もみることができるのがネットワークメタ分析です．実際に比較したものは直接比較 (direct comparison) と呼ぶのに対して実際には比較されていないが，間接的に比較したものは間接比較 (indirect comparison) と呼びます．

　なぜ，間接比較などする必要があるのか，直接比較すれば済むことだと思われるかもしれません．しかし，例えば薬を考えてみたときに，すべての薬剤を対比較していくのは労力や時間を考えると大変です．また，医学的な問題で侵襲的な処置があれば，多くの参加者に苦痛を与えたり，不必要な投薬で副作用の危険をもたらすことは不適切かもしれません．すでに効果がわかっている別の薬が存在するのに，新たな試薬との比較のためにコントロール群としてプラセボ (偽薬) を患者に与えることが患者に不利益なのはわかると思います．

　また，医学研究だけではなく，心理学や教育学などの分野でも倫理的な基準は厳しいものになっています．過去に行われた研究でも，現在では倫理上の問題で実施不可能で直接比較のための追試ができない実験もあるかもしれません．このような場合に間接比較は有益なのです．

　ネットワーク分析では，それぞれの対象は平面上に円として布置され，線で結び図示することができます．それをネットワークプロットと呼びます．線の太さや比較する対象の円の大きさでサンプルサイズを示すこともできます．

　図 12.1 では対象間の関係をネットワークプロットした例です．左上の図は A と B が対で比較された通常のメタ分析の場合に相当します．一方，左下の図では A と B, A と C は比較されていますが，B と C を比較したデータは得られていません．しかし，ネットワーク分析では B と C の関係を間接的に得ることができるわけです．右の図はより複雑な関係を表した例です．

12.3. ネットワークメタ分析 (NMA)　　153

　ここでの A や B，C というのが複数の研究結果が統合された後の薬の効果だったり，治療法の効果だと考えてください。

　このようにネットワークメタ分析では，3 つ以上の対象の複数比較ができる，直接比較していない対象間の間接効果を知ることができる，複数の比較で効果の順位を知ることができるなどのメリットがあります。

　しかし，メリットも大きい分，前提となる仮定の制約もあります。ネットワークメタ分析を実施するには次の 3 つの仮定が必要です。

1. Homogeneity (等質性・均質性)：比較される対象の効果が等質であるということです。同じ実験デザインで実験ごとに結果が大きく異なるなら，含めるべき等質な研究を統合しているのか疑問が生じます。これは通常のメタ分析でも含める研究を考慮する際に必要な前提でした。I^2 統計量などを参考にすることができます。

2. Transitivity (遷移性・類似性)：Transitivity とは，間接比較の効果が直接比較の加算・減算で表現できることを意味します。AB の直接効果と AC の直接効果が得られているときに，BC の間接効果は AB と AC の差として表現できるということです。

3. Consistency (一致性・一貫性)：推定された間接効果が直接効果と矛盾しないことです。直接効果と間接効果を比較して，差が有意に異ならないかを検定することができます。交互作用がないことを検定することもできます。

12.3.1　Stata によるネットワークメタ分析

　Stata ではネットワークメタ分析 (NMA) を行うことができます。Stata で利用できるネットワークメタ分析のコマンドには次のようなものがあります。

indirect　間接比較の推定のためのコマンド。

mvmeta　多変量メタ分析のコマンドだが，特殊なケースとしてネットワークメタ分析を行える。

network　ネットワークメタ分析の包括的なコマンド。サブコマンドが多数用意されており，各種プロットやネットワークマップ，順位付けもできる。利用するには mvmeta など他のコマンドを事前にインストールする必要がある。

　コマンドの詳細については Palmer and Strne (2016) を参照してください。日本語では野間 (2016) が詳しく解説していて参考になります。

　ここでは簡単な仮想例で分析のやり方を示します。

　まず，インターネットに接続された状態で Stata を起動し，メニューの「ヘルプ」から「Stataジャーナル／ユーザ作成コマンド」「Search」を選択し，キーワード検索ダイアログに「network meta-analysis」と入力するとネットワークメタ分析に関連するパッケージが表示されます。これは最初に一度行うだけです。もし，以前にインストール済みなら，それを示すメッセージが出てインストールはされないので問題はありません。

154   第 12 章 メタ分析のためのソフトウェア

　ここでは st0410, st0411, metaprop, mvmeta, network の 5 つが表示されたので，それらを選択して中央右の「(click here to install)」という表示をクリックします。これでパッケージのインストールが始まります。

　データの入力ですが，計数データでも計量データでも扱えます。計数データなら事象例数 (event)，全ケース数という度数データが使えますし，計量データなら平均，標準偏差，全ケース数の量的データが使えます。平均には Hedges の g などの効果量が使えるでしょう。

　例えば 4 つの心理療法を比較して効果をみた計数データを考えてみましょう。コントロール群は何の療法も受けていない対照群で，これを加えて 5 つの処理グループがあるとします。

　Excel で次のようにデータを入力します。「研究 No」の変数で同じ研究を示しています。例えば，「研究 No」の 1 はコントロール群と A 療法と B 療法の 3 つを比較した研究，「研究 No」の 2 はコントロール群と A 療法の 2 つを比較した研究という具合です。これはロング・フォーマットと呼ばれる書式です [1]。

表 12.5: ネットワークメタ分析のデータ例

研究 No	療法名	回復人数	全人数
1	コントロール群	12	103
1	A 療法	32	56
1	B 療法	25	50
2	コントロール群	11	63
2	A 療法	63	92
3	A 療法	102	120
3	C 療法	57	98
4	C 療法	45	61
4	D 療法	68	80
5	コントロール群	101	120
5	C 療法	26	52
5	D 療法	31	48
…	…	…	…
50	D 療法	28	50

　Stata の「ファイル」「インポート」「Excel シート形式」を選択し，「第 1 行を変数名としてインポートする」にチェックを入れてファイルを読み込みます。これで通常の Stata データファイルができたことになります。この仮想例では全人数に対してある療法を受けて回復した人数が事象例数 (event) に当たります。

　次に Stata のデータセットをネットワークメタ分析用のデータセットに変換します。そのためのコマンドは network setup です。

---

[1] ワイド・フォーマットと呼ばれる書式もありますが，ここでは扱いません。

12.3. ネットワークメタ分析 (NMA)　　155

計数データの場合:

network setup eventvar nvar, **studyvar**(vaname) **trtvar**(treatmentvar) **ref**(control)

　　or|rr|rd|hr

計量データの場合:

network setup measurevar sdvar nvar, **studyvar**(vaname) **trtvar**(treatmentvar) **ref**(control)

　　md|smd

eventvar は対象となる事象で，ここでは回復人数です。studyvar の varname は研究を特定する変数なので，ここでは研究 No になります。nvar は全ケース数です。trtvar の treatmentvar には療法名，ref はコントロール群 (対照群) を指定する場合に使います。このデータでは比較基準となるコントロール群があるので control はコントロール群になります。最後に or, rr, rd, hr のいずれかを指定できます。

or は対数オッズ比 (log odds-ratio) で測定された処理効果でデフォルトです。rr は対数リスク比 (log risk-ratio) で測定された処理効果，rd はリスク差 (risk difference) で測定された処理効果，hr は対数ハザード比で測定された処理効果です。

量的データの場合の md は平均差で測定された処理効果でデフォルトです。smd は標準化された平均差で測定された処理効果です。他にもオプションがありますが，詳細は Palmer and Strne (2016) を参照してください。

さて，ここでは計数データでしたので，次のようにコマンドラインに打ち込むことになります。最後に何も指定していないのでデフォルトの対数オッズ比 (rr) が指定されたことになります。

```
network setup 回復人数 全人数, studyvar(研究No) trtvar(療法名) ref(コントロール群)
```

これでネットワークメタ分析を実施するデータセットができたことになります。分析には network meta コマンドを使います。計算には制限付き最尤法 (REML) が使われます。

```
network meta consistency
network meta inconsistency
network sidesplit all
```

Consistency を指定すると consistency の仮定が満たされている前提のもとでの分析になります。

```
Method = reml                            Number of dimensions   =    4
Restricted log likelihood = -58.579761
------------------------------------------------------------------------------
             |      Coef.   Std. Err.      z    P>|z|     95% Conf. Interval
-------------+----------------------------------------------------------------
_y_A         |
       _cons |   2.766156   .3516447    7.87   0.000     2.076945    3.455367
-------------+----------------------------------------------------------------
_y_B         |
       _cons |   1.682181   .3624036    4.64   0.000     .9718828    2.392479
-------------+----------------------------------------------------------------
   ...       |                           ...
------------------------------------------------------------------------------
```

156　第 12 章 メタ分析のためのソフトウェア

　出力には ref() で指定したコントロール群に対する各療法の対数オッズ比の推定量と標準誤差，コントロール群との検定統計量 z と確率，95%信頼区間が含まれます。ここではすべての z 値が大きく，$p < .000$ で有意ですので，どの療法もコントロール群に比べれば効果がありそうだということになります。

```
network meta inconsistency
network sidesplit all
```

```
------------------------------------------------------------------------
            |     Coef.   Std. Err.      z    P>|z|    [95% Conf. Interval]
------------+-----------------------------------------------------------
_y_A        |                  ...
------------+-----------------------------------------------------------
_y_B        |
    des_ABC | -1.455972    .3836155   -3.80   0.000   -2.207845   -.7040996
    des_ABD | -.1345394    .4184124   -0.32   0.748   -.9546126    .6855338
      _cons |  1.928504    .3029873    6.36   0.000    1.33466    2.522348
------------+-----------------------------------------------------------
     ...    |                  ...
------------------------------------------------------------------------
                             ...
         chi2(  5) =     44.33
         Prob > chi2 =     0.0000
```

　inconsistency を指定すると全体としての inconsistency の検定や部分的にどこに inconsistency がありそうかの情報を得ることができます。また，sidesplit all を指定すると，間接比較と直接比較の効果とその差，その差の検定結果を得ることができます。
　ここでは出力の一部を示します。des_ABC とある行には design ABC の inconsistency を示しています。係数 (Coef.) の値が 0 なら consistency の仮定が満たされているということですが，ここでは −1.455972 であり，その z 値の検定結果 ($P > |z|$) は 0.000 とあるので有意に 0 ではない，つまり，inconsistency であることを示しています。des_ABC だけではなく，des_ABD や des_AD，des_CD，des_CE のすべてが 0 かどうかの検定結果 (Prob > chi2) が最後に示され，0.0000 とあるので全体としても Consistency が満たされていないことがわかります。

```
------------------------------------------------------------------------
Side   Direct                Indirect              Difference
------------------------------------------------------------------------
       Coef.     Std. Err.   Coef.     Std. Err.   Coef.     Std. Err.  P>|z|
A E    -2.328168    .46672   -3.26179   .495632    .9336217  .6770275   0.168
                             ...
C E    -2.298261  .4243307   -2.049726  .5500316  -.2485347  .694712    0.721
C D     .5717593  .4869518    .7079295  .472918   -.1361702  .6787597   0.841
------------------------------------------------------------------------
```

　side split の出力の一部です。Direct は直接比較の結果，Indirect には間接比較の結果が示され，その差 (Difference) と検定結果 ($P > |z|$) が示されています。最後の列の数値が 0.05 未満なら直接効果と間接効果で有意な差があることになりますので，どこに inconsistency があるのか知ることができます。

12.3. ネットワークメタ分析 (NMA)　　　157

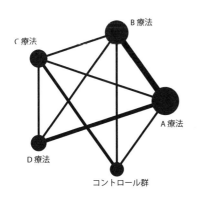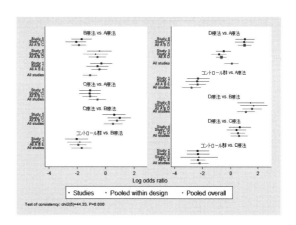

図 12.2: ネットワークマップ

次に図示表示ですが，network map と入力することでネットワークマップ (図12.2左)，network forest と入力することでフォレストマップ (図12.2右) を出力できます。

```
network map
network forest
```

複数の比較で興味があるのは，やはりどの療法が結果として一番良いのか，効果があるのかということでしょう。そのための順位を出力させるのが，network rank コマンドです。network rank に続けて min か max を指定します。値が大きいほど良い療法を意味するなら max，逆に値が小さいほど良いなら min を指定します。line と cumulative で累積グラフを線で表示し，xlabel(1/5) のカッコ内で x 軸に 1 位 (Best) から 5 位 (Worst) まで表示させるようにしています。また，meanrank で平均順位を出力させています。

最後の seed(1234) と reps(5000) は乱数のシードを 1234 として反復計算を 5000 回するとしています。乱数のシードの値は何でもよいのですが，あとから計算結果を追試したい時に同じ値を指定すれば再現可能になるようにするためのものです。

```
network rank max, line cumulative meanrank xlabel(1/5) seed(1234) reps(5000)
```

```
---------------------------------------------------------------------------
    Rank |                         Treatment
         | コントロール群   A療法    B療法    C療法    D療法
---------+-----------------------------------------------------------------
    Best |      0.0        38.3      0.0      0.8     60.9
     2nd |      0.0        59.0      0.0      4.0     37.0
     3rd |      0.0         2.7      5.4     89.8      2.1
     4th |      0.0         0.0     94.6      5.4      0.0
   Worst |    100.0         0.0      0.0      0.0      0.0
MEAN RANK|      5.0         1.6      3.9      3.0      1.4
   SUCRA |      0.0         0.8      0.3      0.5      0.9
---------------------------------------------------------------------------
```

結果をみると，D 療法がベストな可能性が最も高く，コントロール群は最低です。平均順位の MEAN RANK をみても D 療法がよく，続いて A 療法であるというのがわかります。最後の行に

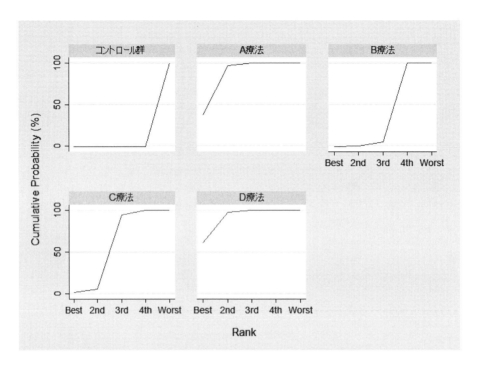

図 12.3: 順位の確率累積グラフ

示されている SUCRA は Surface Under the Cumulative Ranking の略で，図 12.3 の順位の累積グラフのグラフの線から下の面積を意味しています．もし，他の療法に比べて非常に良い成績ならグラフの線は早いうちに急激に上がるので，その下の面積も大きくなるはずです．ここでも D 療法は 0.9 と高い数値を示しています．順位さえわかれば十分と思われるかもしれませんが，順位は収束経過を考慮せずに単に 1 つの値に縮約しているという点では不安定な指標です．SUCRA は累積的な情報を縮約しているので，より安定した指標といえます．

12.3.2　ネットワークメタ分析の注意点

ネットワークメタ分析はある意味，夢のような分析法です．従来のメタ分析では 2 つしか対応していなかった比較が一度に複数でき，実際には比較されていない効果についても推定でき，さらにどの処理が最も優れているのかに答えてくれるわけですから．

しかし，ネットワークメタ分析は新しく現れた分析手法です．その有効性と限界がまだ十分に知られているとはいえません．

また，分析が複雑になるほど，利用できるデータの制約も大きくなるのが常です．特にネットワークメタ分析の仮定が満たされているかどうかは重要です．

Stata には，ここで解説した以外にもネットワークメタ分析の仮定を吟味する多くのコマンドやオプションが用意されています．それらを適切に利用して，結果を検討するのがよいでしょう．

参考文献

[1] Acock, A. C. (2014). *A Gentle Introduction to Stata.* (4th ed.). College Station, TX: StataCorp LP. ((株) ライトストーン (訳). (2014). Stata ではじめる統計解析. (株) ライトストーン)

[2] 藤井陽介. (2015). ネットワークメタアナリシスの医薬品の Comparative Effectiveness 評価への利用−企業の立場から−. 薬理と病理, *43* (5), 621–624.

[3] 野間久史. (2016). Stata によるネットワークメタアナリシスの解析方法. `http://normanh.skr.jp/STATA_network.pdf`.

[4] Palmer, T. M. & Strne, J. A. C.(Eds.) (2016). *Meta-Analysis in Stata: An updated collection from the Stata Journal* (2nd ed.). College Station, TX: Stata Press.

[5] 浦島充佳 (2014). Stata による医療系データ分析入門. 東京図書.

[6] Xu, H. & Tracey, T. J. (2016). Cultural congruence With psychotherapy efficacy: A network meta-analytic examination in China. *Journal of Counseling Psychology, 63* (3), 359–365.

索 引

―――欧文―――

τ^2, 29, 30
I^2, 32, 153

apples and oranges problem, 123

Bayesian credible interval, 84
between-studies variability, 47
burn-in, 83

CiNii, 12, 111, 140
cohort analysis, 133
Consistency, 153, 155, 156
contrast, 116
convenience sampling, 142
covariance structure, 55
credibility interval, 34, 130
cross-temporal meta-analysis, 134

direct comparison, 152

ecological fallacy, 142
EPA, 83
ERIC, 12, 100, 111
expected a posteriori, 83

file drawer problem, 6, 19
fixed effects model, 43
funnel plot, 20

General Social Surveys, 8
Google Scholar, 100, 111
grey literature, 18

heterogeneity, 32, 122
homogeneity, 123, 153

indirect comparison, 152

JGSS, 8
JSTOR, 111

MAP, 83
Markov Chain Monte Carlo method, 79
MASEM, 55, 60, 61, 64
maximum a posteriori, 83
MCMC, 68, 77–81, 83, 87, 88
MED, 83
Meta-Analytic SEM, 55
meta-regression, 130
metaSEM パッケージ, 62
mixed effects model, 43
moderation effect, 121
moderator, 115, 121

narrative review, 2
NMA, 147, 151, 153

posterior median, 83
posterior probability, 71
primary study, 3
prior probability, 71
Psychometric Meta-analysis, 33
PsycINFO, 1, 2, 12, 13, 111, 128, 151
publication bias, 19

random effects model, 25, 43
reliability, 109, 111
RStan, 87, 88, 90–94
RStudio, 90, 91
Rtools, 90, 91

Science, 111

secondary study, 3
selection bias, 20
SEM, 55–64, 68, 82, 147, 148
Social Science Japan Data Archive, 8
SSJDA, 8
standardized mean difference, 39
stem and leaf plot, 20
structural equation modeling, 55
SUCRA, 158
superpopulation, 44
Surface Under the Cumulative Ranking, 158

Transitivity, 153
TSSEM, 60–64
two Stage SEM, 61

validity, 57, 109, 111

Web of Science, 100, 111
weighted least squares method, 61
within-study variability, 47
WLS, 61–63, 140

―――和文―――
アーティファクト, 33, 129, 130

異質性, 31, 32, 122–126, 150
一次研究, 3, 4, 7, 11, 14, 135, 142, 143
一貫性, 110, 115, 119, 153
一致性, 153
inconsistency の検定, 156

お蔵入り問題, 6, 19
重み付け最小二乗法, 61

階層線形モデル, 118
確信区間, 34, 35, 84, 130
間接比較, 152, 153, 156

記述レビュー, 2–4
希薄化の修正, 130
ギブス・サンプリング法, 80
逆確率の定理, 70

逆ガンマ分布, 77, 81, 93
cusum プロット, 83
Q 統計量, 45, 47, 50
教育研究論文索引, 111
共分散構造, 55, 57, 59, 62
共役事前分布, 76–78
均質性, 153

Glass の Δ, 39, 40, 42

研究間分散, 29, 30, 32, 47, 48, 51, 100, 105, 125
研究内分散, 27, 33, 34, 47, 124, 125

効果量の独立性, 16
高次の能力, 109, 110
構造方程式モデリング, 55, 99
公表バイアス, 6, 13, 19–22
Cohen の d, 39, 40, 42
コーディング, 11, 14–18, 98, 101, 102, 104, 112, 116, 136, 140
コーホート分析, 133, 134
Cochran の Q 検定, 125
国立国会図書館雑誌記事索引, 111
固定効果モデル, 6, 25, 27–30, 39, 43–50, 64, 87, 88, 93, 100, 105, 112, 118, 119, 124–127, 150
混合効果モデル, 43, 101
consistency の仮定, 155, 156

再現性, 3–5, 92
採点者間相関, 109, 110, 112, 115, 116, 118, 119
採用の基準, 101
雑誌記事索引集成データベース, 111

恣意的標本抽出, 142
時間横断的メタ分析, 133–139, 141–143
事後確率, 71–76, 92
事後確率最大値, 83
事後期待値, 83
自己相関プロット, 83

索引　163

事後中央値, 83
事前確率, 71, 73–76
縦断データ, 57, 58
出版バイアス, 105, 106, 119, 148
じょうごプロット, 20, 21, 148, 151
小論文試験, 109, 119
信頼性, 15, 18, 33, 34, 36, 109–111, 119, 130
心理測定のメタ分析, 33, 34, 36

制限最尤法, 30
生態学的誤謬, 142, 143
積率相関係数, 25, 67
Z 変換, 25, 26, 33, 102, 104, 113, 114, 116, 118, 124, 130
Z 変換の逆変換, 26, 28, 31, 113, 115, 124, 125
遷移性, 153
漸近誤差共分散行列, 61, 62, 64
選択バイアス, 20

操作的定義, 15–17, 97, 98, 101–103

DarSimonian and Laird 法, 30
DerSimonian-Laird の変量効果, 150, 151
対比, 116, 118
妥当性, 4, 6, 15, 57, 87, 109, 111, 119
多母集団モデル, 58, 59, 61–63

逐次合理性, 72, 73
調整効果, 121–124, 126, 128–130
超母集団, 44
直接比較, 3, 152, 153, 156

データベース検索, 12, 13
適格性基準, 13–16, 128, 136, 140

等質性, 45, 50, 57, 59, 123–125, 128, 153
トリム・アンド・フィル法, 20, 105, 106
トレースライン, 83

二次研究, 3, 4, 6
二段階構造方程式モデリング, 61

ネットワークマップ, 153, 157
ネットワークメタ分析, 3, 4, 148, 151–155, 158

バーンイン, 83
バイアス修正済み標準化平均値差, 40
灰色文献, 18
媒介モデル, 55, 58, 59
パス図, 57, 59
パス分析, 55
ハミルトニアン・モンテカルロ法, 80, 87
半 t 分布, 93
ハンドサーチ, 12, 13

ピアソン・ネイマン・フィッシャー統計学, 67
引き出し問題, 6
標準化平均値差の統合, 39, 45–52
標本共分散行列, 55, 57, 59, 60
標本相関行列, 56
頻度論者, 69

ファイル・ドロワー問題, 6
フェイルセーフ N, 21
フォレストマップ, 157
フリン効果, 135

ベイジアン, 69
ベイス確信区間, 84
ベイズ更新, 72
ベイズ信用区間, 84
ベータ分布, 77
Hedges の g, 39–42, 154
変量効果モデル, 6, 25, 29–32, 39, 43–45, 47, 48, 50–52, 64, 87, 88, 93, 100, 105, 118, 119, 125, 126, 128, 129

飽和モデル, 58, 59, 61, 62
母集団標準化平均値差, 39–42, 45–47, 49, 50

マルコフ連鎖モンテカルロ法, 68, 78
マルチレベルモデル, 118

索 引

幹葉図, 20, 21

無限母集団, 11
無情報事前分布, 81

メタ回帰分析, 130, 148
メタ認知, 1, 97–104, 106
メトロポリス・ヘイスティング法, 80, 82, 87

モーメント法, 30, 105

有限母集団, 11

理由不十分の原則, 75
リンゴとオレンジ問題, 123

類似性, 153
累積和プロット, 83

論述式テスト, 109, 110, 112, 119

著者紹介

岡田 涼

1981 年　三重県生まれ
2008 年　名古屋大学大学院教育発達科学研究科博士課程後期課程修了
現在　香川大学教育学部　准教授
担当章　2 章、10 章、11 章
主要著書
友だちとのかかわりを促すモチベーション－自律的動機づけからみた友人関係－ (2013). 北大路書房.
自ら学び考える子どもを育てる教育の方法と技術 (2016). (共編) 北大路書房.
計量パーソナリティ心理学 (2017). (分担執筆) ナカニシヤ出版. 他

小野寺 孝義

1959 年　北海道生まれ
1988 年　大阪大学大学院人間科学研究科博士課程単位取得退学
現在　広島国際大学心理学部心理学科　教授
担当章　1 章、6 章、7 章、12 章
主要著書
SPSS 事典（共編著）(2004). ナカニシヤ出版.
文科系学生のための新統計学（共著）(2005). ナカニシヤ出版.
心理学概論－学びと知のイノベーション－（共編著）(2011). ナカニシヤ出版.
心理・教育統計法特論（編著）(2015). NHK 出版. 他

宇佐美 慧

1984 年　愛知県生まれ
2012 年　東京大学大学院教育学研究科総合教育科学専攻博士課程修了
現在　東京大学高大接続研究開発センター　准教授
担当章　5 章、9 章
主要著書・論文
宇佐美慧・荘島宏二郎 (2015). 発達心理学のための統計学—縦断データの分析—　誠信書房.
Usami,S., Hayes,T., & McArdle,J.J. (2017). Fitting structural equation model trees and latent growth curve mixture models in longitudinal designs: The influence of model misspecification in estimating the number of classes. *Structural Equation Modeling*. 24, 585-598.
Usami,S. (2017). Generalized sample size determination formulas for investigating contextual effects by a three-level random intercept model. *Psychometrika*, 82, 133-157.
Usami,S., Hayes,T., & McArdle,J.J. (2015). On the mathematical relationship between latent change score model and autoregressive cross-lagged factor approaches: Cautions for inferring causal relationship between variables. *Multivariate Behavioral Research*, 50, 676-687. 他

大谷 和大

1984 年　奈良県生まれ
2011 年　大阪大学大学院人間科学研究科博士後期課程退学
現在　北海道大学大学院教育学研究院　講師
担当章　3 章、8 章
主要著書
M-plus と R による構造方程式モデル入門（分担執筆）(2014). 北大路書房.
こころの科学—理論から現実社会へ—第 2 版（分担執筆）(2017). ナカニシヤ出版. 他

山田 剛史

1970 年　東京生まれ
2001 年　東京大学大学院教育学研究科博士課程単位取得退学
現在　横浜市立大学大学院都市社会文化研究科　教授
担当章　4 章
主要著書
SPSS による心理統計 (共著) (2017). 東京図書.
R による心理学研究法入門 (編著) (2015). 北大路書房.
R による心理データ解析 (共著) (2015). ナカニシヤ出版.
メタ分析入門－心理・教育研究のための系統的レビューのために－ (共編著) (2012). 東京大学出版会. 他

実践的メタ分析入門
戦略的・包括的理解のために

| 2018年7月20日 | 初版第1刷発行 | 定価はカヴァーに |
| 2024年6月20日 | 初版第2刷発行 | 表示してあります |

編　者　岡田　　涼
　　　　小野寺孝義
発行者　中西　　良
発行所　株式会社ナカニシヤ出版
　　　　〒606-8161　京都市左京区一乗寺木ノ本町15番地
　　　　　　　　　　Telephone 075-723-0111
　　　　　　　　　　Facsimile 075-723-0095
　　　　　　　Website http://www.nakanishiya.co.jp/
　　　　　　　Email　iihon-ippai@nakanishiya.co.jp
　　　　　　　　　　郵便振替　01030-0-13128

装幀＝白沢　正／印刷・製本＝亜細亜印刷
Copyright © 2018 by OKADA Ryo and ONODERA Takayoshi
Printed in Japan.
ISBN978-4-7795-1255-1　C3011
SPSS は米国 IBM 社の登録商標です。Excel は米国 Microsoft 社の登録商標です。
Stata は米国　Stata Corp. 社の開発による統計パッケージです。
Google は米国アメリカの多国籍テクノロジー企業です。
なお，本文中では，TM，(R)マークは表記しておりません。
本書のコピー，スキャン，デジタル化等の無断複製は著作権法上での例外を除き禁じ
られています。本書を代行業者等の第三者に依頼してスキャンやデジタル化すること
はたとえ個人や家庭内の利用であっても著作権法上認められておりません。